교과서에 꼭! 함께 나오는 절친들

# 한국사 짝꿍 실록

김은빈 글 | 심수근 그림

책내음

# 차례

**제 1 장**
## 김유신 & 김춘추 삼국 통일의 주역이 된 장군과 왕 … 8

**제 2 장**
## 광종 & 쌍기 개혁을 추진한 왕과 신하 … 30

**제 3 장**
## 서희 & 강감찬 거란의 침략을 막아낸 전쟁 영웅들 … 50

**제 4 장**
## 이성계 & 정도전 조선을 세운 왕과 신하 … 70

**제 5 장**
## 세종 & 장영실 과학기술을 발전시킨 왕과 신하 … 92

### 제 6 장

## 유성룡 & 이순신 전쟁 때 나라 구하기에 헌신한 신하와 장수 … 110

### 제 7 장

## 이항복 & 이덕형 '오성과 한음 이야기'로 유명한 선비 친구 … 132

### 제 8 장

## 홍대용 & 박지원 과학과 문화를 발전시킨 선비 친구 … 152

### 제 9 장

## 김홍도 & 신윤복 개성 있는 명작을 남긴 조선의 화가 짝꿍 … 172

### 제 10 장

## 김구 & 안중근 나라와 민족을 위해 헌신한 독립운동가 짝꿍 … 190

작가의 말

# 한국사의
# 짝꿍 이야기

'짝꿍'이란 친한 친구를 뜻하는 말입니다. 비슷한 말에는 '단짝'이 있습니다.

지금 여러분에게도 짝꿍이 있을 겁니다. 앞으로 새로운 짝꿍도 생길 거예요.

마음 맞는 짝꿍이 있으면 좋은 게 많습니다.
먼저, 어려울 때 용기를 주고받을 수 있습니다.
함께 힘을 모아서 어떤 일을 할 수도 있어요.
고민이 있을 때 서로 도움이 될 수도 있습니다.

우리 역사에도 짝꿍이라고 부를 인물들이 많습니다.
《한국사 짝꿍 실록》은 우리 민족의 역사에 큰 발자취를 남긴 열 쌍의 짝꿍, 20명의 인물이 살았던 이야기를 쓴 책입니다.

이 책에서 소개하는 20명 역사 인물의 관계는 세 가지 종류로 나눌 수 있습니다.

첫째, 조선 시대 선비인 이항복과 이덕형처럼, 친구 사이로 지냈던 사람들.
둘째, 세종대왕과 장영실처럼, 왕과 신하로서 힘을 합쳐 일을 하였던 사람들.
셋째, 독립운동가인 김구와 안중근처럼, 같은 시대를 살면서 나라를 위해 헌신한 사람들입니다.

한국 역사 속의 짝꿍 이야기!
지금부터 시작합니다.

김은빈

## 제 1 장

### 삼국 통일 주역이 된 장군과 왕

# 김유신
# &
# 김춘추

젊은 시절에 두 사람은 친구가 되었어요.
나이가 들어 김춘추가 김유신의 여동생인 김문희와 결혼하면서
두 사람은 처남과 매부 사이가 되었죠.
김춘추가 왕이 된 후엔 김유신은 충성을 다하는 신하가 되었어요.

## 위험해도 가야 합니다

"꼭 고구려에 가셔야 하옵니까?"

선덕왕이 신라를 다스리던 642년, 김유신이 김춘추에게 물었습니다.

"신라를 위기에서 구하려면 가야하오."

김유신과 김춘추가 살았던 시대는 삼국시대입니다. 현재 우리 민족이 사는 땅인 한반도에 고구려, 백제, 신라 세 나라가 있던 시대라서 삼국시대라고 하죠.

김춘추가 위기라고 한 데는 이유가 있었어요.

642년에 백제는 약 1만 명의 군대로 신라를 공격해 대야성 등 신라 땅에 있는 40개의 성을 빼앗았습니다. 신라는 백제의 연이은 공격에 맞설 대책이 필요했어요.

이때 김춘추가 방법을 찾아냈어요. 고구려와 군사 동맹을 맺

어서 백제에 맞선다는 것이었어요. 김춘추는 당시 신라를 다스리던 선덕왕*에게 자신이 고구려에 가서 동맹을 맺고 오겠다고 했습니다. 왕은 이를 허락하였어요.

그러나 김춘추의 시도는 위험한 것이었어요. 신라와 고구려는 과거에 여러 번 전쟁을 했어요. 또 고구려는 자기 나라 이익을 위해 백제 편이 될 수도 있는 상황이었거든요.

김유신은 고구려에 가겠다는 김춘추의 안전을 걱정했어요.

김유신이 말했습니다.

"고구려가 딴 마음을 먹고 김춘추 공을 포로로 잡을 수도 있습니다."

"위기에 빠진 신라를 위해 무어라도 해야 하지 않겠소? 다시 신라로 돌아오는 데 60일쯤 걸릴 것 같소. 그 안에 돌아오지 못하면…"

"김춘추 공이 털끝 하나라도 다친다면 가만히 있지 않을 것입니다."

"하하! 그 말을 들으니 든든하구려."

며칠 후 김춘추가 신라의 수도 서라벌(지금의 경상북도 경주시)을 떠났습니다. 이날 김유신은 서라벌에서 멀리 떨어진 곳까지 김춘추를 배웅하였

**선덕왕**
신라의 27대 임금으로 여성이에요. 신라에는 총 세 명의 여왕이 있었어요. 선덕여왕은 우리나라 최초의 여왕이에요.

어요.

두 사람은 어느 고개 입구에서 헤어졌습니다.

다시 서라벌로 돌아오며 김유신은 김춘추와 나누었던 우정을 떠올렸어요.

김유신과 김춘추는 젊은 시절에 친구가 되었습니다. 나이는 김유신이 많았지만, 그건 문제가 되지 않았어요. 서로가 마음에 들었기 때문이죠.

김춘추는 김유신이 소년시절부터 화랑* 지도자로 활약하는 모습을 보면서 '김유신은 참 용감한 사람'이라고 생각했습니다. 김유신은 김춘추가 하는 말과 행동을 보면서 '김춘추는 지혜가 많은 사람'이라고 생각하였어요. 이처럼 둘은 서로에게 호감을 가졌고 결국 친구가 되었습니다.

친구는 같이 꿈꾸는 것, 바라는 것이 있으면 더 친해집니다. 김유신과 김춘추도 그랬어요. 두 사람에겐 신라를 강대국으로 만들겠다는 같은 소망이 있었어요.

김유신과 김춘추는 모두 귀족 가문의 아들이었어요. 둘 중에서 집안이 더 좋았던 사람은 김춘추였어요. 왕족왕의 친척이었기 때문입니다. 하지만 김춘추는 김유신을 함부로 대하지 않았어요. 친구로서 존중해 주었죠.

시간이 흘러 두 사람은 나라를 위해 일하게 되었어요. 어려서부터 화랑에서 무술 훈련을 받은 김유신은 장교가 되었습니다. 김춘추는 궁궐에서 왕을 모시는 신하가 되었어요.

두 사람은 종종 신라의 미래를 의논했습니다.

한번은 김유신이 이렇게 말했어요.

"신라가 강대국이 되려면 군사력을 키워야 합니다."

김춘추가 말했어요.

"그것만으론 부족하오."

"부족하다고요?"

"외교도 중요합니다. 외교를 잘하면 전쟁하지 않고도 평화로운 나라를 만들 수 있지요."

"아, 그렇군요. 내 생각이 짧았습니다."

이처럼 두 사람은 나랏일에 대해 토론하면서 생각을 넓혀나갔답니다. 그러는 사이에 서로를 믿는 마음은 더 커졌어요.

**화랑**(꽃처럼 아름다운 남성의 무리)
화랑도는 신라 시대의 청소년 수련 단체를 말해요. 씩씩한 소년들을 선발하여 교육시킨 후에 그 중에서 관리를 선발했어요.

## '토끼와 거북이 이야기' 때문에 살았소

"신라에서 온 김춘추라 하옵니다."

고구려 수도 평양에 도착한 김춘추가 고구려의 보장왕에게 인사했어요.

인사 후 김춘추가 고구려에 온 이유를 설명했어요.

김춘추의 말을 다 들은 보장왕이 말했습니다.

"신라를 도와줄 순 있다. 하지만 조건이 있다."

"조건이요?"

"그렇다. 한강 주변 땅은 과거에 우리 고구려 것이었다. 그 땅을 돌려준다면 돕겠노라."

김춘추는 생각했습니다.

'한강 지역은 신라에겐 군사적으로 가장 중요한 곳인데, 어떻게 양보한단 말인가.'

김춘추가 입을 열었습니다.

"왕이시여, 한강 지역을 내어 주는 것은 힘든 일이옵니다."

보장왕이 자리를 박차고 일어나며 말했어요.

"받아들이기 힘들다고? 고약한지고!"

"…."

"여봐라! 이 자를 감옥에 가두어라!"

며칠 안 가 고구려에 있던 신라의 간첩이 김춘추가 감옥에 갇혔다는 사실을 전했어요. 당시 삼국 세 나라는 상대방 나라에 간첩을 보내, 정보를 모으고 있었답니다.

선덕왕이 신하들을 모아서 말했어요.

"김춘추가 위험하다. 이를 어찌하면 좋은가?"

한 신하가 말했습니다.

"고구려와 전쟁을 할 수도 없고… 안타깝지만 방법이 없습니다."

이 말에 몇몇 신하가 고개를 끄덕였어요.

이때 김유신이 말했습니다.

"김춘추 공은 신라를 위해 목숨을 걸고 고구려에 갔습니다. 어떻게 고구려 공격이 두렵다고 그를 죽게 내버려 둔단 말입니까?"

선덕왕이 말했어요.

"그럼 어떻게 하면 좋겠느냐?"

"저에게 군대를 주시면 고구려 땅에 들어가 김춘추 공의 석방을 요구하겠나이다."

선덕왕은 김유신의 말을 받아들였어요.

김유신은 3천여 명의 병사를 이끌고 서라벌을 떠났습니다.

신라군이 고구려 국경 근처에 있는 신라의 성에 도착하자 김유신은 말을 잘 타는 병사를 뽑아 이런 명령을 내렸어요.

"너는 고구려에 가서 이렇게 전하라! 김춘추 공을 구하기 위해 김유신이 이끄는 신라 군대가 국경 근처에 도착했다고."

명령을 받은 병사가 떠났습니다.

며칠 후 그 병사가 돌아왔습니다. 그런데 혼자 오지 않았어요. 그 옆에 또 한 사람이 있었습니다. 김춘추였어요.

김유신과 김춘추는 서로를 껴안고 활짝 웃으며 기뻐하였어요.

김유신이 말했어요.

"이렇게 빨리 풀려나실 줄 몰랐습니다."

"두 가지 덕분이었습니다. 하나는 토끼와 거북이 이야기요, 하나는 김유신 그대 덕분이지요."

"토끼와 거북이 이야기요?"

## 별이 떨어졌다!

김춘추가 설명했어요.

"바다의 용왕이 병이 났는데, 그 병에는 토끼 간이 약이라고 하여 거북이가 토끼 간을 구하기 위해 육지로 올라온다는 이야기 말이요."

"아하! 토끼는 거북이의 꾐에 빠져 용궁에 가서 죽을 처지가 됐지만 꾀를 내어 간을 육지에 놔두고 왔다고 말해서 무사히 돌아오죠."

"그렇소. 일단 살아야겠다는 생각이 들어 나도 토끼처럼 행동했다오. 우선 보장왕의 요구를 받아들이겠다고 말했지요. 이때 장군이 이끄는 신라 군대가 국경 근처에 도착했다는 소식이 고구려에 전해졌고, 보장왕은 곧 나를 풀어 주었소. 그러니 내가 무사한 것은 토끼와 거북이 이야기 도움이 절반이고, 그대의 도움이 절반인 거지요."

"하하! 참 잘 되었습니다. 그나저나 고구려가 쳐들어오면 어떡하죠?"

"걱정할 것 없소. 고구려에 가서 살펴보니 고구려는 북쪽 당나라를 막는 데 군사력을 집중하고 있었소. 지금 당장 신라를 넘볼 순 없을 것이오."

당나라는 당시 중국 땅을 다스리던 강대국이었어요.

"과연 김춘추 공은 지혜로운 분입니다! 그런 상황을 다 염두에 두고 토끼처럼 행동하신 거군요."

"그렇소."

김춘추의 예상대로 고구려는 신라에 쳐들어오지 않았어요.

이 일이 있은 후 김유신은 김춘추를 더 존경하게 되었습니다. 김춘추도 자기를 구하러 와 준 김유신을 더 아끼게 되었지요.


그로부터 5년이 지나 647년이 되었습니다.

김유신이 집에서 쉬고 있을 때 궁궐에서 왕이 보낸 사람이 뛰어 들어왔습니다.

"장군! 큰일 났습니다."

"큰일이라니?"

"반란이 일어났습니다."

반란을 일으킨 사람은 비담이라는 신하였어요. '여자인 선덕왕을 몰아내고 새로운 왕을 세우자'며 반란을 일으킨 겁니다.

김유신이 궁궐로 달려갔습니다. 선덕왕과 김춘추가 걱정 가득한 얼굴로 김유신을 맞았어요.

김유신이 김춘추에게 물었어요.

"비담의 군대는 어디 있습니까?"

"서라벌 근처의 명활산에 진지를 차렸소."

반란군은 다음 날 서라벌에 쳐들어왔어요. 하지만 김유신이 지휘하는 신라군이 잘 방어하여 반란군은 다시 명활산으로 돌아갔어요.

반란 때문에 서라벌은 어수선했어요. 신하들은 갈팡질팡하고, 병사와 백성들은 불안에 떨었습니다.

이때 불길한 사건이 일어났어요. 별똥별 하나가 서라벌에 떨어진 것입니다.

이를 본 비담은 반란군에게 큰소리를 쳤어요.

"병사들이여! 별이 떨어진 것은 우리가 승리하여 선덕왕이 왕 자리에서 떨어질 징조다."

이 말에 반란군의 사기는 크게 올랐어요.

선덕왕이 겁에 질린 얼굴로 김유신과 김춘추에게 말했어요.

"별이 떨어진 것이 불길하오."

김유신이 말했어요.

"왕이시여, 어떤 일이든 잘 되는 것과 잘 안 되는 것은 미리 정해진 게 아닙니다. 어려운 일도 사람이 하기에 따라 얼마든

지 잘 될 수 있사옵니다."

김춘추가 말했습니다.

"김유신의 말이 옳습니다. 지금은 우리 병사들 사기를 올리는 게 중요하다고 봅니다."

이 말을 들은 김유신이 말했어요.

"사기를 올린다… 그렇지! 좋은 생각이 났습니다."

## 보고 계시지요?

김유신은 병사들에게 허수아비와 아주 큰 연을 만들라고 명령했어요. 다 만들어지자, 허수아비에 불을 붙이고 연에 매달아 하늘로 날려 보내라고 했습니다. 멀리서 보니 그것은 별이 올라가는 것 같았어요.

연을 날린 후 김유신은 부하들에게 이런 명령을 내렸어요.

"너희들은 당장 이런 소문을 퍼뜨려라. 서라벌에 떨어졌던 별이 다시 하늘로 올라갔으니 이것은 왕이 승리할 징조라고 말이다! 알겠느냐?"

소문은 금방 퍼졌습니다. 반란군이 있는 명활산에도 퍼졌지요. 이 일로 신라군 사기는 올라갔고, 반란군 사기는 떨어졌답니다. 이 사건이 계기가 되어 신라군은 반란군을 제압할 수 있었어요.

반란 세력을 몰아낸 후 선덕왕은 김유신과 김춘추를 더욱 신임하게 되었습니다. 이때부터 두 사람은 신라를 떠받치는 두 개의 큰 기둥과 같은 신하가 되었지요.

647년 선덕왕이 죽고, 왕의 유언에 따라 진덕왕이 새 왕이 되었습니다. 역시 여자 왕인 진덕왕도 김춘추와 김유신을 아꼈어요. 두 사람은 역할을 나눠 신라의 발전을 이끌었답니다. 김유신은 군사 분야를, 김춘추는 외교 분야를 책임졌지요.

648년 김춘추는 당나라로 갔습니다. 유능한 외교관이었던 김춘추는 당나라 황제를 설득하여 당나라와 군사동맹을 맺는 데 성공했어요.

진덕왕은 신라를 8년간 다스리다가 654년에 죽었습니다. 왕이 후계자를 두지 않아 신라에선 신하들이 모여 왕을 추대하게 되었어요.

몇몇 신하가 가장 계급이 높은 알천이란 사람을 왕으로 추대하자고 했어요. 알천은 이렇게 말했습니다.

"난 부족한 게 많소. 새 왕은 김춘추 공이 적임자일 듯하오."

결국 이 회의에서 김춘추가 신라 제29대 왕이 되었으니, 그의 왕 이름은 태종 무열왕입니다. 김춘추가 왕이 된 걸 누구보다 기뻐한 사람이 있었습니다. 김유신이었어요.

그는 확신했습니다.

'신라의 앞날은 밝다. 새 왕이 지혜롭고 용기 있는 사람이기 때문이다. 삼국 통일의 날도 멀지 않았다.'

김유신의 예상은 적중했어요.

648년 김춘추가 당나라와 맺은 군사동맹 덕분에 660년 신라는 당나라와 힘을 합쳐 백제를 정복하는 데 성공했어요. 이로써 신라는 절반의 통일을 이뤄냈습니다.

김유신은 김춘추가 왕이 된 후, 친구가 아니라 신하로서 왕을 깍듯하게 모셨습니다. 그런데 태종무열왕은 고구려까지 정복하는 완전한 삼국 통일을 보지 못했어요. 661년에 병에 걸려 죽고만 것입니다.

죽기 전, 태종무열왕은 김유신의 손을 잡고 말했어요.

**신라의 골품제도**
신라는 골품제라는 독특한 신분제도를 가지고 있었어요. 골품 중 성골 출신만 왕이 될 수 있는데, 더 이상 왕위를 이을 성골이 없자 진골 출신인 김춘추(무열왕)가 왕이 되었어요.

"다음 왕을 잘 보좌해 주시오."

"그러겠나이다."

"그리고 통일을 꼭 이뤄 주시오. 그러면 나는 하늘에서 기쁨의 눈물을 흘릴 것이오."

김유신은 이 약속을 지켰어요. 그는 태종무열왕이 죽은 후 즉위한 문무왕을 잘 받들었습니다. 그리고 신라는 668년, 고구려를 정복하여 삼국을 통일하였습니다.

통일을 이루던 날 김유신은 하늘을 올려다보며 말했습니다.

"왕이시여 보고 계시지요? 기뻐하소서. 우리가 함께 꿈꾸던 것이 마침내 이루어졌나이다!"

### 김유신(595년~673년)

**업적**

청년 시절부터 전쟁터에서 많은 승리를 거두었어요. 장수가 된 후 군사 분야를 총 책임진 지도자가 되었는데, 신라가 삼국을 통일할 때 중요한 역할을 하였답니다.

**화랑 지도자 김유신**

신라에는 청소년들의 몸과 마음을 단련시키기 위해 만든 화랑이라는 조직이 있었어요. 김유신은 15세에 화랑에 들어가 18세 때 화랑의 지도자가 되었어요. 용감하고 지도력이 있었기 때문이지요.

### 김춘추(603년 ~ 661년)

**업적**

김유신이 군사 분야에서 큰 업적을 쌓았다면, 김춘추는 외교 분야에서 활약하였답니다. 특히 648년 중국을 다스리던 당나라와 군사동맹을 맺는 데 성공했어요. 당나라와의 군사동맹은 신라의 삼국 통일에 큰 힘이 되었어요.

**왕이 된 신하 김춘추**

654년 신라 제28대 왕인 진덕왕이 자식이 없이 죽은 후, 김춘추는 신하들의 추대를 받아 제 29대 왕이 되었어요. 661년까지 신라를 다스린 그의 왕 이름은 태종 무열왕입니다.

## 생각해 볼까요?

김유신과 김춘추는 함께 꿈을 꾸었습니다. 신라를 강대국으로 만드는 것, 그리하여 삼국을 통일하는 것이었습니다. 이 두 인물처럼, 함께 꿈꾸는 사람이 있다는 것은 좋은 일입니다. 그 꿈을 이루는 과정에서 어려움을 겪을 수도 있습니다. 그러나 옆에 함께 하는 사람이 있으면 서로에게 힘이 됩니다. 또 어떤 문제를 해결할 때 머리를 모으면, 혼자 생각할 때보다 더 좋은 해결 방법을 발견할 수도 있습니다.

# 삼국 시대 세 나라의 역사

## ★고구려

고구려는 기원전 37년 주몽이 세웠어요. 고구려의 첫 수도는 졸본으로, 오늘날 중국에 있는 만주 땅에 있었답니다. 그 후 고구려는 남쪽으로 세력을 넓히면서 수도를 국내성으로 옮겼다가, 다시 평양으로 옮겼어요.

고구려는 391년 제19대 왕에 오른 광개토왕 시절에 땅을 크게 넓혔어요. 그 후 고구려는 중국의 큰 나라도 쉽게 넘보지 못하는 강한 나라가 되었어요. 중국을 다스리던 강대국이었던 수나라, 당나라의 연이은 침입을 물리쳤을 정도였습니다.

이처럼 강했던 고구려는 666년 연개소문이라는 지도자가 죽은 후 갑자기 약해졌어요. 연개소문의 아들들이 최고 지도자가 되려고 다투는 바람에 정치가 혼란스러워졌기 때문입니다. 신라와 당나라의 연합군은 이 기회를 놓치지 않고 고구려 수도인 평양성으로 쳐들어갔고, 668년 고구려를 정복하였답니다.

**광개토대왕비_** 고구려 광개토대왕의 업적을 기록한 비석이에요. 광개토대왕이 왜구를 무찌른 내용과 요동을 차지한 내용, 한강선까지 진출한 내용이 담겨 있어요.

## ★백제

백제는 고구려에서 갈라져 나온 나라입니다. 고구려를 세운 주몽의 아들 온조가 한반도의 남쪽 땅으로 내려와 기원전 18년 오늘날 한강 지역에 세운 나라거든요.

처음에 백제는 작은 나라였어요. 조금씩 힘을 키운 백제는 주변의 크고 작은 나라를 하나둘 점령하며 땅을 넓혀 나갔어요. 그리하여 346년 왕 자리에 오른 제13대 왕 근초고왕 시대에는 오늘날 한반도의 전라도, 충청도 지역

**백제 칠지도 모조품_** 백제가 일본에 하사한 것으로 추정하고 있어요. 현재 일본 국보로 지정되어 있어요.

대부분을 지배하는 강한 나라가 되었답니다.

백제는 한강 지역에 첫 수도를 정한 후, 수도를 두 번 더 옮겼어요. 두 번째 수도는 웅진(지금의 충청남도 공주시)이고, 세 번째 수도는 사비(지금의 충청남도 부여군)입니다.

백제는 660년에 신라와 당나라 연합군의 공격을 받았어요. 이때 백제를 다스리던 의자왕은 계백 장군을 보내 신라 군대를 막게 했습니다. 계백이 이끄는 백제군은 신라에 맞서 용감하게 싸웠지만 결국 지고 말았고, 얼마 안 가 백제도 망하였습니다.

6세기 신라 금동관_ 5세기부터 6세기 전반까지 약 150년 동안은 신라 황금문화의 전성기였어요.

### ★ 신라

신라는 기원전 57년 박혁거세가 세운 나라로, 처음 신라가 생긴 지역은 오늘날 경상북도에 있는 경주 지역입니다. 신라는 오랫동안 삼국 중 가장 약한 나라였어요. 신라가 강대국으로 발전한 것은 540년 왕에 오른 제24대 진흥왕 때였어요. 군사력을 키운 진흥왕은 당시 한반도에서 군사적으로 가장 중요한 지역인 한강 지역을 차지하였고 이때부터 신라는 고구려, 백제도 무시하지 못하는 나라가 되었답니다.

불국사_ 불국사는 신라 시대에 만들어진 절이에요. 이상적인 부처님 나라를 표현해 지어졌지요. 불국사는 우리나라에서 국보를 가장 많이 갖고 있는 절로 유명해요.

신라는 삼국통일을 위해 제27대 왕인 선덕왕 시대부터 당나라와 친하게 지내는 정책을 폈습니다. 신라는 선덕왕이 죽은 후에도 진덕왕, 태종무열왕(김춘추), 문무왕 시절에 계속 힘을 키워 660년 백제를, 668년 고구려를 정복하여 삼국을 통일했어요.

## 제 2 장

개혁을 추진한
왕과 신하

# 광종  쌍기

두 사람은 처음에 고려의 왕과 중국 사신으로 만났습니다.
쌍기가 고려에 귀화한 후,
쌍기는 광종이 아끼는 신하가 되었어요.

## 고민 많은 왕

  우리 민족 역사에는 왕과 신하가 단짝이 되어 나라를 발전시킨 경우가 많이 있어요. 고려 시대 초기에도 그런 예가 있으니 바로 광종과 쌍기라는 신하입니다.

  949년 고려에 새 왕이 즉위했습니다. 제4대 왕 광종이었어요.
  고려의 수도 개경현재 북한에 있는 도시인 개성의 궁궐 마당에서 즉위식이 열렸습니다.
  왕관을 쓴 광종이 궁궐 계단을 올라서 왕 자리에 섰습니다. 마당에 선 신하들이 머리를 조아렸습니다. 신하들은 25살의 광종보다 대부분 나이가 많았어요.
  광종은 신하들을 굽어보며 생각했습니다.

'기쁘다. 하지만 두렵기도 하다. 저들이 진심으로 나를 왕으로 인정하고 있을까? 앞으로도 나에게 충성할까?'

왕이 된 날에도 신하들을 못미더워 하는 왕이 딱하지요?

그런데 광종이 이런 생각을 하는 데는 이유가 있었답니다.

918년 고려를 세운 왕건태조은 당시 지방에 있던 실력자들의 도움으로 통일을 할 수 있었어요. 지방에 있던 실력자들은 호족이라 불렀어요.

왕건은 호족을 자기의 편으로 만들기 위해 여러 호족의 딸을 자기 부인으로 받아들이기도 했답니다.

나라를 세우는 데 저마다 업적이 있었기 때문에 호족의 힘은 강했습니다. 왕건이 죽은 후에도 호족들은 자기 집안 출신 왕자를 왕에 앉히기 위해 세력 다툼을 벌였어요. 제3대 왕인 정종과, 정종의 동생으로 제4대 왕이 된 광종은 충주 출신 호족 세력의 지원을 받아 왕이 될 수 있었습니다.

하지만 호족 중엔 광종이 왕 자리에 오른 걸 못마땅하게 생각하는 무리도 많았습니다. 자기 집안 출신 왕자가 왕이 되면 자기들 힘도 덩달아 커지는데, 광종 때문에 그 꿈을 이루지 못해서였지요.

이런 상황이니 왕의 힘은 약했습니다. 호족들이 세력을 모아 왕에게 반기를 들 가능성까지 있었습니다. 그래서 광종의 마음이 편하지 않았던 겁니다.

해야 할 일이 많다는 점도 광종의 어깨를 무겁게 했어요.

당시 고려는 여러 가지로 엉성한 나라였답니다. 생긴 지 얼마 안 돼 법과 제도도 제대로 갖추지 못하였지요. 또 왕이 실제로 다스리는 지역은 개경과 그 주변에 불과했고, 지방은 여전히 호족들이 다스리고 있었어요.

그는 왕으로 즉위하면서 이런 계획을 세웠어요.

'호족 세력을 단번에 몰아낼 순 없다. 천천히 호족의 힘을 약하게 만들자. 어떻게 하면 호족의 힘을 약하게 할 수 있을까?'

광종은 방법이 하나뿐이라고 생각했어요. 호족이 아닌 백성들의 지지를 받는 것이었습니다. 백성들이 왕을 잘 따른다면 호족들도 자기를 감히 넘보지 못할 것이라고 생각한 겁니다.

광종의 계획은 성공할 수 있을까요?

## 돌아가지 마라!

며칠 후 광종은 신하들에게 말했습니다.

"나의 형 정종 임금은 수도를 서경으로 옮기려 하였다. 수도를 옮기려면 많은 백성을 궁궐 짓는 일에 동원해야 한다. 나는 백성이 농사도 못 짓고 고생하는 걸 원치 않는다. 수도는 옮기지 않을 것이다."

이 소식은 곧 고려에 퍼졌습니다. 대부분 백성은 광종의 결정을 환영했어요.

광종은 전쟁을 막는 데도 힘썼습니다.

당시 고려 북쪽에는 거란족이 세력을 키워 고려를 위협하고 있었어요. 광종은 거란이 고려에 쳐들어오는 것을 막기 위해 강대국인 후주와 외교 동맹을 맺었습니다. 이로써 고려 백성은 전쟁 걱정 없이 마음 편하게 농사를 지을 수 있게 되었어요.

광종의 정책은 효과를 보았어요. 광종을 훌륭한 왕이라고 생각하여 믿고 따르는 백성이 점점 늘어난 겁니다.

하지만 호족 세력은 여전히 막강했어요. 광종이 중요한 결정을 내릴 때마다 호족들의 허락을 받아야 할 정도였지요.

그러는 사이 7년이 흘러갔습니다.

956년 후주에서 보낸 사신이 왔습니다. 사신 일행이 궁궐에 들어와 왕에게 인사를 올렸습니다.

광종은 궁금한 것을 물었어요.

"후주는 생긴 지 얼마 안 되어 곧 나라가 안정되었소. 비결이 궁금하오."

광종의 질문을 받은 사신들은 이런저런 이야기를 했습니다. 어떤 사신은 자기 황제가 지혜로운 덕분이라 하였습니다. 군사력을 키운 것이 비결이라고 얘기하는 사람도 있었습니다.

이때 한 사신이 이런 말을 했습니다.

"어느 나라든지 왕과 신하가 조화를 이룰 때 발전합니다. 이 또한 후주가 발전한 비결이옵지요."

"왕과 신하가 조화를 이룬다? 구체적으로 말해 보라!"

"나랏일을 왕 혼자서 다 할 수는 없사옵니다. 왕의 곁에 좋은 신하들이 있어야 합니다."

광종은 이 말에 공감했어요. 당시 광종은 자신을 도와줄 지혜로운 신하가 많으면 좋겠다고 생각하고 있었거든요.

광종이 사신에게 물었습니다.

"그대의 이름이 무엇인가?"

"쌍기라 하옵니다."

후주 사신들이 고려에 머무는 동안 광종은 여러 번 그들과 이야기를 나누었습니다. 그중 마음에 쏙 드는 사람이 있었어요. 쌍기였습니다. 광종이 보기에 그는 지혜로운 사람이었습니다.

후주 사신들이 고려를 떠나기 며칠 전, 광종은 쌍기를 궁궐로 불렀습니다.

"내가 너를 따로 부른 이유를 아느냐?"

"특별한 분부를 내리시려는 뜻이 아니신지요?"

"그렇다. … 쌍기! 너를 보내기 싫다. 돌아가지 마라!"

쌍기가 놀란 얼굴로 광종을 올려다보았어요.

광종이 말했습니다.

"너는 고려에 머물며 이 나라의 사정을 살폈을 것이다. 고려는 아직 나라의 틀을 제대로 갖추지 못했다. 나라다운 나라가 되려면 개혁이 필요하다. 남아서 나를 도와다오."

쌍기는 당황했어요. 광종 말에 따르게 된다면 고려에 오래도록 살아야 했습니다. 후주 백성이 아니라 고려 백성이 되어야 할지도 몰랐습니다.

광종의 얼굴을 보니 차마 거절할 수도 없었습니다. 광종의 얼굴엔 자신을 도와달라는 간절한 뜻이 담겨 있었기 때문입니다.

쌍기가 말했습니다.

"왕이시여, 저에게 생각할 시간을 주시옵소서."

## 두 가지 방법이 있사옵니다

며칠 후, 후주 사신 우두머리가 광종 앞에 왔습니다.

"후주로 돌아가기 전에 인사를 드리러 왔나이다."

광종은 잘 가라는 인사말을 한 후, 이런 말을 꺼냈어요.

"사신 일행 중에 쌍기라는 자가 병 때문에 몸이 불편하다 들었다. 쌍기는 나을 때까지 고려에 머물렀으면 한다."

쌍기가 정말로 병에 걸린 건 아니었어요. 병에 걸린 척해서 고려에 남을 핑계를 만든 것이지요.

사신 우두머리는 광종의 말에 따랐습니다. 이로써 쌍기는 고려에 머물 수 있게 되었어요.

사신 일행이 떠난 후 광종은 쌍기를 불렀습니다.

"고려를 내 뜻대로 이끌려고 해도 호족 세력 때문에 제대로 할 수가 없다. 왕은 왕이로되, 왕의 권능을 가지지 못한 내 신세가 처량하구나."

쌍기가 말했어요.

"호족의 세력을 약하게 하는 두 가지 방법이 있사옵니다."

"방법이 있다고? 얼른 말해 보라!"

"첫 번째, 호족의 힘을 약하게 하는 법을 만드는 것입니다. 두 번째, 호족을 대신해서 나라를 이끌어갈 새로운 세력을 키우는 방법입니다."

"어떤 법을 만든단 말인가?"

"제가 고려에 와서 살펴본즉, 호족이 강한 것은 그들에게 많은 노비가 있기 때문입니다. 호족에게 노비는 농사 일꾼이면서 병사이기도 하더군요."

쌍기의 지적은 정확했어요. 당시 고려의 힘 센 호족 중에는 노비 수가 천 명이 넘는 사람도 있었답니다.

광종이 말했어요.

"네가 말하는 법이란 게, 호족의 노비를 줄이는 법이로구나."

"그러하옵니다."

"노비를 줄이자고 하면 호족들이 가만히 있지 않을 것인데…"

"방법이 있습니다. 백성의 지지를 받는 법을 만들면 됩니다.

노비 중에는 평민에서 노비가 된 자들이 많습니다. 후삼국 시대의 전쟁으로 노비가 된 사람들이 대부분이죠. 이들을 해방시키면 당사자뿐만 아니라 그들의 친척도 왕의 정책을 지지할 겁니다. 백성의 지지를 얻으면 호족들은 감히 거역하지 못할 것입니다."

며칠 후 광종은 신하들이 모인 자리에서 이렇게 말했어요.

"우리 고려가 후백제와 통일 전쟁을 벌일 때 많은 백성이 전쟁 포로가 되었다. 그들 중 상당수가 노비가 되었다. 나는 그들의 처지가 늘 안타까웠다. 나는 이 가여운 백성들을 해방시키겠노라."

광종은 곧 노비 해방을 추진하는 법인 〈노비안검법〉을 만들었어요. 쌍기는 이 법을 만들 때 구체적인 내용을 만드는 역할을 했답니다.

쌍기의 말대로 노비 해방 조치는 백성들의 지지를 받았어요.

백성의 지지를 등에 업은 광종은 흔들리지 않고 노비 해방 정책을 추진했어요. 반발하는 호족을 만나 설득하기도 하고, 말을 듣지 않으면 왕의 권위로 밀어붙이기도 했답니다. 그러자 반대하는 목소리가 줄어들었습니다.

이렇게 해서 많은 사람들이 노비에서 해방되었습니다. 이 일로 백성들 사이에서 광종의 인기는 더 높아졌어요.

백성들이 지지한다고 방심할 순 없었어요. 불만을 가진 호족 세력이 힘을 합쳐 반란을 일으킬 수도 있었으니까요.

천만다행으로 호족 세력은 반란을 일으키진 않았습니다. 노비 해방 조치는 얼마 안 가 효과를 보았어요. 노비 수가 줄자 호족의 힘이 약해진 것입니다.

어느 날, 쌍기가 광종에게 말했습니다.

"호족의 힘을 약하게 할 두 번째 정책을 추진할 때가 되었사옵니다."

"나라를 이끌 새로운 세력을 키우는 것이라 했지? 구체적인 방법을 말해 보아라."

"그것은 … 과거이옵니다."

## 든든한 고려의 인재들

쌍기가 설명했어요.

"과거는 나라에서 시험으로 관리를 선발하는 제도이옵니다. 저의 조국인 후주에서도 과거를 통해 인재를 뽑고 있사옵니다."

"처음 실시하는 제도라 어려움이 많을 터인데…"

"염려 마소서. 소신은 후주에서 과거 시험을 담당했던 적이 있나이다."

"그렇다면 걱정할 것 없겠구나."

광종은 쌍기의 건의를 받아들였어요.

고려는 958년에 최초로 과거를 실시했습니다. 쌍기가 과거 시험을 감독했지요. 처음 실시한 제도지만 준비를 잘한 덕분에

인재들을 여럿 뽑을 수 있었습니다.

광종은 기뻤습니다. 인재들을 얻어서 든든하였고, 그들이 고려의 발전을 이끌 것이라고 생각하니 흐뭇하였습니다.

이때부터 고려는 2년마다 한 번씩 과거를 실시했어요. 시간이 흘러 과거 출신 신하가 늘어나면서 이들은 호족 세력도 무시하지 못하는 정치 세력이 되었답니다.

갈수록 호족의 힘은 약해졌습니다. 덕분에 광종은 호족의 눈치를 보지 않고 과감하게 개혁정책을 추진할 수 있게 되었어요.

광종은 975년에 죽었습니다. 이때 고려는 광종이 즉위할 때처럼 엉성한 나라가 아니었어요. 법과 제도를 갖춘 나라, 실력 있는 신하들이 나랏일에 참여하는 나라가 되어 있었습니다.

### 광종 (925년~975년)

**업적**

광종이 왕이 되었을 때 고려는 법과 제도가 엉성한 나라였어요. 또 호족 세력 때문에 왕의 힘이 약했어요. 광종은 먼저 왕의 힘을 강하게 한 뒤 여러 좋은 법과 제도를 만들어 고려를 발전시켰답니다.

**여동생과 결혼한 광종**

고려를 세운 왕건은 29명의 왕비를 두었고, 34명의 자식을 낳았어요. 왕건의 아들인 광종은 어른이 되어 어머니가 다른 여동생과 결혼했어요. 지금 기준으로 보면 말이 안 되지만, 고려 초기엔 왕실에서 어머니가 다른 아들과 딸이 부부가 되는 경우가 있었답니다. 왕족끼리 결혼해 왕족의 힘을 계속 유지하기 위해서였지요.

### 쌍기 (10세기) *태어난 때와 죽은 때의 기록이 없어요

**업적**

유학을 공부한 쌍기는 광종을 도와 고려에서 처음 과거 제도를 실시하게 하는 등 광종의 개혁 작업을 도왔어요. 그의 경험과 지혜는 고려 발전에 큰 도움을 주었답니다.

**고려에 귀화한 쌍기**

귀화란 다른 나라의 국민이 되는 걸 말해요. 쌍기는 원래 중국에 있던 나라인 후주 사람이었어요. 하지만 광종의 제안을 받아들여 고려에 귀화하였어요.
우리 민족 역사에는 귀화한 인물이 많이 있습니다. 대부분 한반도와 가까운 중국, 일본 출신 사람이었죠. 조선 시대에는 유럽에 있는 나라인 네덜란드의 선원 벨테브레이라는 사람이 조선에 귀화하기도 했어요. 귀화 후 그는 이름을 박연으로 바꾸었어요.

## 생각해 볼까요?

누구나 어떤 모임을 이끄는 지도자가 될 때가 있습니다. 지도자는 능력 있고 지혜 있는 사람을 뽑아 일을 맡기면 더 좋은 결과를 만들 수 있지요. 광종은 열린 마음을 가진 지도자였습니다. 그는 쌍기가 고려에 꼭 필요한 인재란 사실을 알고, 그를 발탁하였습니다. 발탁한 후에는 믿고 일을 맡겼어요. 광종의 생각대로 쌍기는 책임감이 있는 사람이었습니다. 고려에 남는다는 선택을 한 후에 자기 선택에 책임지는 행동을 했지요.

## 고려 시대 10대 사건

### 사건1  고려 건국(918년)
삼국을 통일한 신라의 힘이 약해지자 후고구려, 후백제 두 나라가 생겼어요. 이 시대를 후삼국시대라고 해요. 후고구려의 장수였던 왕건은 난폭한 왕이었던 궁예를 몰아내고, 후고구려의 땅에 새 나라 고려를 세웠습니다.

### 사건2  고려의 삼국 통일(936년)
고려의 힘이 커지자 신라의 경순왕은 935년 고려에 항복했어요. 936년 고려는 후백제의 군대와 오늘날 경상북도 구미 지역에서 벌어진 전투에서 승리한 후, 후백제를 멸망시켰어요. 이로써 고려는 한반도 통일에 성공했습니다.

개태사_ 고려 태조가 세운 사찰로 알려져 있어요. 예전의 개태사는 터만 남았고, 후에 조선 시대에 다시 세워졌어요.

### 사건3  과거 제도 실시(958년)
제4대 왕 광종은 956년 노비안검법을 실시한데 이어, 958년 과거 제도를 실시했어요.

### 사건4  전국에 12목 설치(983년)
고려 제6대 왕인 성종은 전국의 주요 도시에 12개의 '목'이란 지방 조직을 설치했어요. 왕이 임명한 지도자들이 12목에 내려가 나라 일을 하게 되면서, 고려는 한반도에 있는 각 지방도 효과적으로 다스릴 수 있게 되었어요.

### 사건5  〈국자감〉을 세움(992년)
국자감은 고려 정부에서 세운 학교로, 오늘날의 대학 같은 곳이었어요. 고려 시대에 대학이 있었다는 것은, 고려의 학문 수준이 높았다는 증거입니다. 〈국자감〉은 나중에 〈성균관〉으로 이름이 바뀐답니다.

공민왕과 노국공주 영정

경불정심관세음보살대다라니경_ 무신 정권의 최고 권력자였던 최충헌과 그의 아들을 위해 만들어진 휴대용 불경입니다.

정몽주 초상_ 정몽주는 고려를 끝까지 지키려고 했던 고려의 충신이에요.

### 사건6 묘청의 반란 (1135년)

묘청과 일부 정치 지도자들이 수도를 개경에서 평양으로 옮기는 것이 실패하자 반란을 일으켰어요. 1136년 고려 정부의 군대가 평양으로 가 반란군을 무찌르면서 실패로 끝이 났어요.

### 사건7 무신 반란 (1170년)

고려는 문신(과거에 합격한 신하)을 우대하고, 무신(군인)은 문신보다 못한 대우를 했어요. 여기에 불만을 가진 정중부 등 일부 군인들이 반란을 일으켜 왕과 문신 세력을 쫓아냈어요. 이때부터 약 100년간 군인 출신 지도자가 큰 힘을 쥐고 나라를 다스렸답니다.

### 사건8 몽골의 침략

몽골은 1231년부터 여러 번 고려에 쳐들어왔어요.

### 사건9 공민왕의 독립운동과 개혁운동 (1351년~1374년)

고려는 몽골과 30여 년간 전쟁을 했지만 결국 지고 말았어요. 이후 고려는 약 100년간 몽골의 지배를 받았어요. 1351년 고려 제31대 왕이 된 공민왕은 몽골 지배에서 벗어나려는 독립운동과, 고려를 변화시키려는 개혁정책을 추진했어요. 고려는 몽골 지배에서 벗어났지만, 공민왕이 1374년 갑자기 죽는 바람에 개혁정책은 실패하였어요.

### 사건10 고려의 멸망 (1392년)

공민왕이 죽은 후, 고려의 힘은 약해졌어요. 1388년 이성계는 자기가 이끄는 병사들을 이끌고 반란을 일으켜 왕을 쫓아내고 권력을 잡았습니다. 이성계는 1392년 고려를 없애고, 새 나라 조선을 세웠어요.

제 3 장

거란의
침략을 막아낸
전쟁 영웅

서희

강감찬

서희는 960년에, 강감찬은 983년에 과거에 합격하였습니다.
서희가 한창 활약할 때 강감찬과 친하게 지냈다는 역사 기록은 없어요.
그러나 전쟁 때 용기를 내서 거란을 물리친 전쟁 영웅이라는 점에서
두 사람은 '고려 역사를 빛낸 짝꿍'이라고 할 수 있어요.

### 호랑이를 잡으려면 호랑이 굴로

"80만 거란 군대가 쳐들어왔습니다!"

993년, 고려 북쪽 국경에 근무하던 병사가 고려의 수도 개경에 와서 보고를 했어요.

이 소식에 궁궐은 발칵 뒤집어졌어요. 왕건이 나라를 세운 후 고려에 이렇게 큰 전쟁이 난 적은 없었습니다. 더구나 80만 명이라니! 왕과 신하들은 충격과 공포에 떨었지요.

당시 고려 주변엔 두 개의 큰 나라가 있었어요. 만주 땅에 있던 거란, 중국 땅에 있던 송나라였어요. 송나라는 후주 2장에 나온 쌍기의 조국의 장군이었던 조광윤이 960년 후주를 무너뜨리고 세운 나라였답니다.

고려의 왕 성종이 신하들이 모인 자리에서 말했어요.

"아! 80만 대군을 어떻게 막는단 말인가."

신하들이 이런저런 의견을 냈습니다.

"항복하는 게 좋을 것 같습니다."

"서경 이북의 땅을 줄 테니 물러가라고 달래는 게 좋을 것 같사옵니다."

이 자리엔 서희도 있었습니다. 그는 고려군 부사령관 임무를 맡고 있었어요.

"소신의 생각은 다르옵니다. 제대로 싸워 보지도 않고 항복하는 것은 후손들에게 참으로 부끄러운 일입니다. 땅을 떼어 주고 그들을 물러나게 하는 것도 성급하옵니다."

"성급하다고?"

"그러하옵니다. 거란 군대가 정말 80만 규모인지 확인해 볼 필요가 있습니다. 또 거란이 쳐들어온 정확한 이유도 모르는 상황입니다. 현재 거란군은 북쪽 봉산 지방을 점령한 후 그곳에 머물고 있으니, 거란 장수를 만나 이야기해 보는 게 좋을 듯하옵니다."

성종이 고개를 끄덕인 후 말했어요.

"네 말에 일리가 있구나."

서희가 다시 말했습니다.

"제가 거란의 장수를 만나보겠나이다."

서희가 거란군 진지로 간다는 소식은 금세 퍼졌어요. 983년 과거에 합격하여 이 무렵 낮은 벼슬을 하고 있던 젊은 강감찬은 이 소식을 듣고 감탄했어요.

'호랑이를 잡으려면 호랑이굴로 가야 한다는 말이 있다! 말은 쉽지만 누가 쉽게 호랑이굴에 들어간단 말인가! 목숨을 잃을 수도 있는 위험한 일을 마다하지 않은 서희 님은 참으로 담대한 분이로구나!'

## 아하! 그렇구나

말을 타고 북쪽으로 간 서희가 거란군 진지에 도착했습니다.

그는 주변을 둘러보면서 거란 군대의 규모를 살폈어요.

'병력이 많지만 80만에는 크게 모자란다. 80만 대군은 헛소문이었다.'

거란 병사가 그를 거란군 총사령관 소손녕이 있는 막사에 안내했어요.

서희가 막사 앞에 서자 소손녕이 말했습니다.

"들어오기 전에 마당에서 절을 하여 예의를 표시하시오."

서희가 말했습니다.

"마당에 엎드려 절하는 것은 신하가 임금이나 황제에게 드리는 예의입니다. 나는 고려를 대표하는 신하이고, 장군은 거란을 대표하는 신하입니다. 그러니 마당에서 절을 할 수는 없소이다."

소손녕은 서희의 당당한 태도와 조리 있는 말에 대꾸를 할 수 없었어요. 서희가 막사 안에 들어간 후, 두 사람은 맞절을 하고 탁자에 마주 앉았어요.

서희가 입을 열었어요.

"고려는 한 번도 거란에 손해를 끼친 것이 없는데 왜 쳐들어온 겁니까?"

소손녕이 목에 힘을 주어 말했어요.

"두 가지 이유 때문이오. 첫째! 우리 거란은 고구려를 이은 나라인 발해를 정복하였소. 그래서 고려가 옛 고구려 땅을 차지하고 있는 것을 따지기 위해 온 거요. 둘째! 고려는 거란과 국경을 접하고 있는데 왜 우리에겐 사신을 보내지 않고, 바다 건너 송나라에만 사신을 보내는 것이오?"

소손녕의 말에 서희는 속으로 '아하! 그렇구나' 했어요.

거란이 쳐들어온 진짜 목적이 두 번째 이유라는 걸 눈치챈 것이지요.

실제로 이 무렵 거란은 송나라와 전쟁할 준비를 하고 있었어요. 송나라를 공격하기 전에 고려와 송나라의 관계를 멀어지게 만들어, 전쟁 때 고려가 송나라 돕는 것을 막으려고 쳐들어온 것이었어요.

협상을 할 땐 자기 생각을 상대방에게 다 보여 주면 안 됩니다. 그러면 유리한 협상을 할 수 없어요. 서희는 거란의 속셈을 간파했지만, 자신이 눈치 챈 것을 드러내지 않고 이렇게 말했어요.

"우리 고려는 고구려를 이은 나라요. 그래서 나라 이름도 고려라 한 것이오. 그런데 옛 고구려 땅을 차지하고 있는 것이 무슨 문제가 된단 말입니까. 그리고 고려가 거란에 사신을 보내지 않은 데는 이유가 있소. 고려와 거란 사이에 있는 여진족 때문이오. 거란이 물러가면 여진족을 몰아낸 후 사신을 보내도록 하겠소."

사신을 보내겠다는 서희의 말에 소손녕이 흡족한 표정을 지었어요. 서희는 소손녕의 표정에서 자신의 판단이 정확했다는 확신이 섰어요.

협상은 성공적으로 끝났습니다. 소손녕이 후퇴 명령을 내린 것입니다.

고려가 겁에 질려 일찍 항복하거나, 고려 땅 일부를 떼어 주

었다면 고려는 큰 피해를 입었을 게 분명합니다. 용기 있고 지혜로운 서희의 외교 때문에 고려는 피해 없이 전쟁을 끝낼 수 있었습니다.

더 놀라운 사실은 서희의 외교협상이 얼마 후 고려에 큰 이익을 주었다는 점입니다. 거란 군대가 돌아간 후 고려는 국경지역에 군대를 보내 여진족을 쫓아내고 여섯 개의 성을 쌓았어요. 이 지역을 '강동 6주'라고 합니다. 이로써 고려의 땅은 더 넓어졌어요.

그런데 거란과 고려의 평화는 오래 가지 않았어요. 서희가 죽은 후인 1010년, 요나라 거란이 세운 나라가 다시 고려 땅에 쳐들어온 것입니다.

## 항복이라뇨?

요나라가 다시 쳐들어온 이유는 고려가 개척한 강동 6주를 자기네 땅으로 만들기 위해서였어요.

40만 명 규모의 요나라 군대는 고려군의 방어를 뚫고 수도 개경이 있는 남쪽으로 내려왔습니다. 이때 고려의 왕은 제8대 왕인 현종이었어요. 현종은 1차 침입 때 성종이 그랬던 것처럼 겁을 먹었고, 항복할 생각을 하였어요.

이때 높은 벼슬자리에 오른 강감찬이 현종에게 말했습니다.

"항복은 아니 되옵니다. 과거 서희의 일을 생각하소서."

"서희?"

"거란이 처음 침략했을 때 많은 신하가 항복을 주장하였사옵니다. 하지만 서희는 항복 대신에 협상으로 전쟁을 막은 적이 있사옵니다."

"지금은 협상으로 요나라를 물리칠 상황이 아니지 않은가?"

"저들 군대가 40만이오나 그들은 먼 길을 달려와 지친 상태입니다. 식량 사정도 넉넉치 않을 것이니, 잘 버티기만 하면 능히 이길 수 있사옵니다."

강감찬의 말에 현종은 생각을 바꾸었습니다. 개경을 떠나 남쪽으로 피신한 후, 군대를 모아 반격하기로 결정한 겁니다.

이 작전은 성공했습니다. 요나라 군대는 갈수록 지쳐갔습니다. 이 틈을 타 고려는 하공진이라는 신하를 요나라 진지에 보냈어요. 하공진은 요나라 군대가 물러가면 훗날 고려의 왕이 요나라 황제에게 인사하러 갈 거라며, 철수를 요청했어요. 요나라가 이 제안을 받아들임으로써 2차 전쟁은 끝이 났어요.

전쟁이 끝난 후, 고려 현종은 병을 핑계로 요나라에 가지 않았습니다. 그러자 요나라는 이것을 구실로 1018년 다시 고려 땅에 쳐들어왔어요. 이번엔 10만 규모였습니다.

침략 소식을 들은 현종이 강감찬을 불렀습니다.

"강감찬에게 고려 군대의 총 지휘권을 주노라! 가서 거란군을 막아라!"

## 크게 이겨야 한다

요나라의 1차, 2차 침입 때 고려는 전투보다 외교협상에 주력하여 나라를 지켰습니다. 이번에는 달랐어요. 요나라 군 규모는 약 10만인데 비해, 전쟁 준비를 잘한 고려 군대는 약 20만이었거든요.

전쟁터로 가면서 강감찬은 부하 장수들에게 말했습니다.

"우리의 목표는 적들을 고려 땅에서 몰아내는 것이 아니다. 더 큰 목표가 있다."

"무엇이옵니까?"

"크게 이기는 것이다. 그래야 요나라가 다시는 고려를 넘보지 않을 것이다."

고려는 요나라와 여러 곳에서 전투를 했습니다. 그 중엔 흥화진에서 벌어진 전투도 있었습니다.

흥화진의 길옆에 큰 냇물이 있었습니다. 고려군은 쇠가죽을 모아 꿴 뒤 물을 막았어요. 그러고는 주변에 매복하여 요나라 군대가 나타나길 기다렸어요.

요나라 군대가 냇물 근처 길을 지나가자 고려군은 물을 막은 쇠가죽을 잘랐어요. 막혀 있던 냇물은 순식간에 큰 물살이 되어 요나라 병사들을 덮쳤습니다. 이때 고려군은 총공격을 하였고, 큰 승리를 거두었어요.

요나라 군대를 지휘하던 소배압은 흥화진 전투 패배로 타격을 입었지만 남쪽으로 계속 진군하라는 명령을 내렸어요. 이때 고려군은 여기저기에서 기습 공격을 하여 요나라 군대에 타격을 주었어요.

강감찬은 요나라 군대의 힘을 뺄 새로운 작전도 실시했어요. 요나라 군대가 지나는 길 주변의 백성들에게 식량을 모조리 싸들고 피난 가라는 명령을 내린 겁니다. 이 조치로 요나라는 식량을 쉽게 구하지 못했어요.

소배압은 전쟁에 승산이 없다는 걸 깨닫고 결국 후퇴명령을 내렸어요.

요나라 군대가 후퇴한다는 소식을 들은 강감찬이 말했습니다.

"크게 이긴다는 목표를 달성할 때가 되었구나. 모든 병사를 모아, 요나라 군대의 뒤를 쳐라!"

강감찬의 명령에 따라 고려군은 귀주라는 곳에서 후퇴하는

요나라 군대에 총공격을 퍼부었어요. 전투는 고려의 대승리로 끝났어요. 요나라의 병사 중 수천 명만 살아서 돌아간 것을 보면 고려가 얼마나 크게 이겼는지 알 수 있어요.

크게 이겨야 거란이 다시는 고려를 넘보지 않을 것이라는 강감찬의 예상은 적중했어요. 3차 침입 때 크게 진 거란은 더 이상 고려에 쳐들어오지 않았습니다.

전쟁이 끝난 후 강감찬은 서희 못지않은 전쟁 영웅이 되었습니다. 왕으로부터 큰 상을 받았고, 백성들의 존경을 받는 사람이 되었지요.

### 서희(942년~998년)

#### 업적
광종이 고려를 다스리던 960년, 과거에 합격하여 벼슬살이를 시작했습니다. 972년 외교관이 되어 중국 송나라와의 관계를 좋게 만들었고, 993년 거란이 쳐들어왔을 때는 고려군을 지휘하는 지도자로서 활약하였습니다.

#### 우리 민족 최고의 외교관
서희는 '우리 민족 역사에서 가장 훌륭한 외교관'이라는 평가를 받는 인물입니다. 거란의 1차 침입 때 거란군 사령관 소손녕과 협상을 성공적으로 벌여서 전쟁을 끝내는 데 결정적인 역할을 하였기 때문입니다.

### 강감찬(948년~1031년)

#### 업적
강감찬은 거란의 2차, 3차 침입 때 공을 세웠어요. 2차 침입 때 고려의 왕이 항복하려고 하자, 끈질기게 버틸 것을 주장하였습니다. 3차 침입 때는 군대를 지휘하여 거란과 벌인 전투에서 크게 승리했어요.

#### 낙성대의 전설
강감찬은 서울에서 태어났는데, 그의 어머니는 강감찬을 임신하기 전에 별이 품속에 안기는 꿈을 꾸었대요. 이 이야기 때문에 강감찬이 태어난 곳은 별이 떨어진 곳이란 뜻의 낙성대(落星垈)로 불렸어요.

## 생각해 볼까요?

직접 만나서 사귀어야 친구가 되고 짝꿍이 되는 걸까요? 그렇지만은 않아요. 만난 적이 없어도 좋은 교훈과 영향을 줄 수 있다면 짝꿍이 될 수 있습니다. 이런 경우는 '정신적인 짝꿍'이라고 할 수 있어요. 강감찬에게 서희는 정신적인 짝꿍이었습니다. 그는 서희가 거란의 1차 침입 때 보여준 담대한 행동, 지혜로운 태도에서 교훈을 얻었습니다. 이 교훈은 그가 거란의 2, 3차 침입 때 나라를 구할 수 있게 해 주었어요.

## 한 눈에 쏙 들어오는 역사 지식 ③

# 고려 시대에 일어난 전쟁

### ★ 거란의 침입
거란은 993년에 처음 고려에 쳐들어왔어요. 이때 서희가 외교 협상을 잘 하여서 거란을 물러나게 했어요. 1010년 거란은 두 번째로 쳐들어왔고, 1018년 세 번째로 쳐들어왔어요. 이때 강감찬은 귀주 지역에서 큰 승리를 거둬, 더 이상 거란이 고려를 넘보지 못하게 했어요.

강화도 고려궁지_ 고려 고종이 몽골군의 침입에 대항하기 위해 옮긴 도읍터예요. 39년 동안 사용되었어요.

### ★ 고려의 여진 정벌
여진족은 고려의 동북쪽 국경 너머에 살던 민족이었어요. 여진은 11세기부터 고려에 자주 쳐들어왔어요. 고려는 기병(말을 타고 전투하는 병사) 중심의 부대인 별무반이라는 부대를 조직하였고, 1107년 윤관 장군이 지휘하는 약 17만 명의 고려 부대는 여진을 정벌한 후, 그곳에 9개의 성을 쌓았답니다.

제주 항파두리 항몽유적지_ 삼별초가 몽골에 대항해 끝까지 항쟁했던 곳이에요.

### ★ 몽골의 침략
몽골은 중국 대륙 북쪽에서 생긴 강대국으로, 1231년 고려에 처음 쳐들어왔어요. 고려가 쉽게 항복하지 않자, 몽골은 고려가 항복을 한 1258년까지 여러 번 고려에 쳐들어왔답니다. 이 전쟁으로 고려 백성들은 큰 고통을 당했어요.

### ★ 홍건적의 침입
홍건적은 몽골이 중국 땅을 지배하던 시기에 중국 대륙 남쪽에서 생긴 반란 세력으로, 모든 병사가 머리에 붉은 수건을 둘렀다고 해서 홍건적이라고 불렸어요. 홍건적은 두 번 고려에 쳐들어왔어요. 첫 침략은 1359년이었고, 두 번째 침

팔만대장경판_ 고려 정부가 불교의 힘으로 몽골 군대를 물리치기 위해 만들었어요. 나무에 불경을 새긴 것으로 현재 해인사라는 절에 있어요.

입은 1361년이었어요. 2차 침입 때 홍건적은 고려의 수도인 개성을 점령하였고, 고려 정부는 잠시 남쪽으로 피난을 간 후에 다시 병력을 모아 홍건적을 중국으로 몰아냈답니다.

★왜구의 침략

왜구는 일본 도둑 떼를 뜻해요. 왜구가 고려에 처음 침입한 것은 1223년으로, 이때부터 왜구는 배를 타고 고려의 해안 지방에 상륙하여 약탈을 하였어요. 고려는 왜구를 막기 위해 최무선이 만든 화약을 이용한 새로운 무기를 만들었고, 이 덕분에 왜구의 침략을 막아낼 수 있었답니다. 그 후에도 왜구는 여러 번 우리나라에 쳐들어왔는데 조선 제4대 왕인 세종대왕 시대에 왜구의 본거지인 대마도에 군대를 보내 정벌을 한 후에야 쳐들어오지 않았답니다.

# 제 4 장

조선을 세운
왕과 신하

# 이성계
# &
# 정도전

두 사람은 서로의 이름만 아는 사이였어요.
1383년에 정도전이 이성계를 찾아간 후부터
두 사람은 함께 나랏일을 의논하는 친한 사이가 되었어요.
이성계가 왕이 된 후엔 왕과 신하 사이가 되었답니다.

### 방법이 있습니다

1383년 고려의 동북쪽 국경에 있는 군사 기지에 초라한 차림의 선비가 도착했어요.

그가 진지를 지키던 병사에게 말했습니다.

"나는 정도전이라 하오. 이성계 장군을 뵈러 왔소."

병사가 이성계가 머무는 곳으로 달려가 소식을 알렸어요.

보고를 받은 이성계가 말했습니다.

"정도전? … 정도전이라면 성균관˚에서 학생들을 가르치던 사람? 들라 하라!"

정도전은 병사의 안내를 받아 이성계가 있는 곳으로 갔습니다. 꼭 만나고 싶었던 사람을 직접 만나게 되면 마음이 설레요. 정도전도 그랬어요. 그에게 이성계는 꼭 만나서 이야기를 나누고 싶었던 사

**성균관**
성균관은 나라에서 세운 학교로, 지금의 국립대학교였어요.

람이었거든요.

이성계가 웃으며 정도전을 맞았습니다.
"그대의 이름은 들은 적이 있소. 그런데 어찌 이 먼 곳까지?"
"고려의 영웅인 장군을 오래 전부터 뵙고 싶었나이다."
"내가 고려의 영웅이다? 하하! 기분은 나쁘지 않군."
"앞으로 더 큰 영웅이 되실 수도 있지요."
"더 큰 영웅이 될 수 있다니, 무슨 말이오?"
"기울어가는 고려를 다시 일으켜 세운다면 더 큰 영웅의 되시지 않겠습니까?"
이 말에 이성계가 호탕한 웃음을 그치고 물었습니다.
"왜 고려가 기우는 나라라고 생각하는가?"
"우선 제 이야기부터 하겠나이다."
정도전은 자신이 살아온 이야기를 이성계에게 들려주었어요.

정도전은 스무 살에 과거에 합격해 벼슬에 올랐습니다.
그는 바른 소리를 잘 하는 사람이었어요. 1375년 정도전은 당시 고려에서 가장 힘이 센 신하였던 이인임에게 바른 소리를 하였습니다. 이인임이 추진했던 원나라와 친하게 지내는 외교 정책을 비판한 것입니다.

이를 괘씸하게 여긴 이인임은 정도전을 비방해 지방에 유배를 보내 버렸어요.

이때부터 8년 동안 정도전은 가난한 선비 생활을 했습니다. 어린 학생들에게 공부를 가르쳐 겨우 먹고 살았지요.

정도전은 지방을 떠돌며 고려의 현실을 더 잘 알게 되었어요. 당시 고려는 나이 어린 우왕이 다스리고 있었는데, 신하들 중엔 자기 권력을 이용해 재산을 늘리는 데 골몰하는 자들이 많았어요.

그들 중엔 백성의 땅을 빼앗아 큰 농장을 만들고, 땅 없는 백성을 노비처럼 부리는 사람도 있었습니다. 이런 신하들이 점점 많아지면서 백성의 고통은 더 커졌어요.

살아온 이야기를 쭉 한 후 정도전이 이성계에게 말했어요.

"저는 고통 받는 백성을 보면서 고려에 큰 변화가 필요하다고 생각했나이다."

이성계가 말했어요.

"변화가 필요하단 말엔 공감하오. 하지만 어떻게 한단 말이오?"

"첫째는 백성을 위한 좋은 법과 제도를 만드는 것입니다."

"그건 궁궐에 계신 왕과 신하들이 해야 할 일. 장수인 나에겐 방법이 없지 않은가."

"방법이 있습니다."

"방법이 있다? 그게 무엇인가?"

정도전은 대답하지 않고, 이성계의 뒤에 서 있는 호위 병사

를 쳐다보았습니다. 이성계가 정도전에게 고개를 끄덕이더니, 병사에게 말했어요.

"밖에 나가 있거라!"

"예~!"

병사가 나간 후 정도전이 낮은 목소리로 말했어요.

"그 방법은 … 고려에 새 지도자가 나타나 변화의 바람을 일으키는 것이옵니다."

이성계가 눈을 부릅뜨며 말했어요.

"새로운 지도자가 나타나야 한다?"

## 명령을 거두어 주소서!

정도전이 힘차게 고개를 끄덕이며 말했어요.

"새로운 지도자는 무엇보다 백성의 존경과 신뢰를 받는 사람이어야 합니다."

"백성의 존경과 신뢰는 좋은 지도자의 당연한 조건 아니겠소."

"그것으론 부족합니다. 그에겐 힘이 있어야 합니다. 제가 오늘 장군의 진지에 와서 보니 진지는 잘 정돈되어 있고 병사들은 훈련을 잘 받아 절도 있게 행동하더군요. 이렇게 강한 군대를 가지고 계신데 무슨 일인들 못하겠습니까?"

이 말에 이성계의 눈이 번쩍 빛났어요.

그제야 이성계는 정도전의 속마음을 알았습니다. 정도전이 변화를 이끌 지도자로 자신을 주목하고 있다는 것을요.

1335년에 태어난 이성계는 젊은 시절부터 군인으로 두각을 나타냈어요. 당시 고려는 중국에서 쳐들어온 홍건적, 일본에서 쳐들어온 왜구의 공격을 받았습니다. 이성계는 홍건적, 왜구를 몰아내는데 큰 공을 세웠고 공을 인정받아 동북 지방을 다스리는 사령관이 되었습니다.

그날 두 사람은 밤늦게까지 많은 이야기를 나누었습니다.

이튿날 이성계가 정도전을 떠나보내며 말했어요.

"그대를 만난 것은 큰 인연이오. 잊지 않겠소."

1384년 정도전은 유배에서 풀려났어요. 높은 자리는 아니지만 다시 벼슬도 얻었지요.

이성계는 간혹 왕을 뵈러 고려의 수도인 개경에 왔습니다. 이성계가 올 때마다 정도전은 이성계를 찾아가 이야기를 나누었어요.

4년이 지나 1388년이 되었습니다. 이때 고려는 명나라 때문에 어수선했습니다.

명나라는 1368년 중국 남쪽에서 생긴 나라로, 중국 대륙을 다스리던 원나라를 북쪽으로 몰아내고 중국 땅의 새 주인이 된 나라였어요.

1388년 2월 명나라는 고려에 사신을 보내 '철령 북쪽에 있는 땅을 내놓으라'고 요구했어요.

철령은 오늘날 강원도 북쪽에 있는 고개예요. 철령 북쪽 지역은 원나라가 다스리던 지역이었어요. 우왕의 아버지인 공민왕은 원나라의 힘이 약해진 기회를 이용해서 군대를 보내 그곳을 고려 땅으로 만들었지요. 그런데 명나라가 이제 그 땅의 주인은 자기들이라면서 내놓으라고 요구한 것입니다.

'명나라의 요구를 받아들일 것인가, 거부할 것인가?'

고려 왕과 신하들은 고민에 빠졌습니다. 이때 고려에서 가장 힘이 센 신하였던 최영이 주장했습니다.

"명나라 요구는 터무니없습니다. 거절해야 합니다. 또 이번 기회에 고려가 만만치 않은 나라임을 보여 주어야 합니다."

최영의 주장에 우왕이 물었어요.

"그럼 어찌하면 좋겠는가?"

"명나라 동쪽 지역인 요동 땅에 군대를 보내 선제공격하는 것이 좋을 듯하옵니다."

우왕은 최영의 건의를 받아들였어요. 요동 공격을 결심한 그는 이성계와 조민수 두 장수를 궁궐로 불렀습니다.

"나는 요동 정벌을 결심했다. 너희들에게 정벌군을 지휘할 임무를 맡길 터이니 속히 군대를 조직하라!"

이성계가 조심스럽게 말했어요.

"왕이시여! 명나라 요구는 전쟁이 아닌 다른 방법으로도 거절할 수 있습니다. 우리가 선제공격을 한다면 명나라는 대군을 동원해 반격할 것입니다."

우왕은 이성계의 말을 묵살하였어요.

장수인 이성계가 왕의 명령을 거역할 수는 없었습니다. 그는 고려 병사를 모아 요동 정벌 군대를 조직해야 했어요.

정벌을 떠나기 전 이성계는 정도전을 만났습니다. 이날 정도전은 이성계에게 의미심장한 말을 했습니다.

"장군! 세상을 바꾸려면 결단을 내려야 합니다."

## 우리는 돌아간다!

고려 병력은 약 5만 명이었습니다. 개경을 떠난 고려군은 6월 11일 압록강 하류에 있는 섬인 위화도에 도착했습니다.

그곳에서 고려군은 행군을 멈춰야 했습니다. 비가 내려 강물이 불어났기 때문입니다.

이성계는 위화도에 머물면서 요동 정벌이 무모한 작전이란 것을 더 확신하게 되었습니다.

그는 왕에게 편지를 보냈습니다.

'장마철이라서 행군이 힘들고 전염병이 돌 가능성이 있습니다. 이런 상황에선 승리를 장담할 수 없으니 요동 정벌을 미뤄 주십시오.'

우왕이 곧 답장을 보냈습니다.

'비가 그치면 행군을 계속하라.'

이성계는 고민에 빠졌어요.

'요동 정벌은 무모하다. 그런데 왕께서 허락하지 않으시니 고려로 돌아갈 수도 없다. 아! 나는 어찌해야 하는가?'

이때 개경에서 정도전이 했던 말이 떠올랐어요.

'세상을 바꾸려면 결단을 내려야 합니다'는 말이었어요.

밤새 고민한 이성계가 고려군을 지휘하는 또 한 명의 장수인 조민수에게 말했습니다.

"장군! 나는 군대를 돌려 고려로 돌아가겠소."

조민수가 놀란 얼굴로 말했어요.

"왕의 명령을 거역하겠다는 거요?"

이성계가 말했어요.

"난 죽을 각오가 되어 있소. 하지만 억울하게 죽진 않을 것이오. 나와 함께 돌아갑시다."

고민하던 조민수가 동의했습니다.

이성계가 위화도에서 5만 명의 군대를 되돌려 고려로 돌아오고 있다는 소식을 들은 우왕은 노발대발했습니다.

"이성계 이~놈! 감히 내 명령을 거역해? 최영! 당장 이성계를 잡아 나에게 끌고 오라!"

### 백성의 마음을 얻어야 합니다

위화도를 떠난 이성계 군대는 7월 4일 개경 근처에 도착했어요. 최영은 개경을 지키던 군대를 이끌고 이성계 군대를 공격하였어요.

전투는 오래가지 않았어요. 병력이 많은 이성계 군대가 승리를 거둔 겁니다.

개경을 정복한 이성계는 우왕과 최영을 체포하였습니다. 이로써 이성계는 반란에 성공하였어요. 또 고려 최고의 권력자가 되었습니다.

이성계는 우왕을 왕 자리에서 몰아내고 새 왕을 앉혔어요. 새 왕의 이름은 창왕으로, 그는 우왕의 아들이었어요.

큰 권력을 쥐게 되었지만 이성계의 머리는 복잡했어요. 반란은 성공했지만 뒤숭숭해진 나라를 어떻게 안정시켜야 할지 막막했기 때문이죠.

이성계는 부하에게 명령을 내렸습니다.

"정도전을 오라 하라!"

이성계에게 온 정도전이 말했습니다.

"장군! 잘하셨습니다."

"난 앞일이 더 걱정이오."

"염려 마십시오. 우리 고려에는 저를 비롯해 개혁을 바라는 신하들이 여럿 있사옵니다. 그나저나 개혁에 성공하시려면 꼭 명심할 것이 있사옵니다."

"그게 무엇인가?"

"백성의 마음을 얻는 것입니다. 어떤 지도자라도 백성의 마음을 얻지 못하면 큰일을 이룰 수 없습니다. 이것은 역사의 진리입니다."

"내 그 말을 깊이 새기겠노라."

이성계는 정도전에게 밀직부사라는 높은 벼슬을 주었습니다. 이때부터 정도전은 이성계 옆에서 나랏일을 결정하는 중요한 역할을 하게 되었어요. 개혁에 필요한 새로운 법과 제도를 만드는 일도 하였지요.

1389년 이성계는 창왕을 왕 자리에서 몰아내고 귀족 출신인 공양왕을 새 왕에 앉혔습니다. 공양왕은 창왕처럼 허수아비 왕이었어요.

이 무렵 고려의 신하는 두 파로 갈라졌어요. 정도전의 파는 이번 기회에 고려를 없애고 새 나라를 세울 것을 주장했습니다. 이와는 반대로 개혁은 추진하되 새 나라 세우는 걸 반대하는 신하들도 있었어요. 이 신하들을 대표하는 사람은 정몽주였습니다.

정몽주는 젊은 시절 정도전과 같이 공부한 적이 있었어요. 그러나 고려의 미래에 대한 의견 차이로 두 사람은 적이 되고 말았습니다.

이성계는 정몽주가 있는 한 새 나라 세우기가 힘들다고 생각했습니다. 결국 1392년 이성계의 아들인 이방원은 부하들을 동원하여 정몽주를 살해하였습니다. 이로써 끝까지 고려를 유지하려고 했던 정몽주의 꿈은 물거품이 되었어요.

1392년 7월, 정도전을 비롯한 여러 신하가 이성계를 찾아갔습니다.

정도전이 앞으로 나와 말했어요.

"때가 되었나이다. 이제 고려의 역사를 끝내소서. 왕위에 올라 새 나라, 새 시대를 열어 주소서."

이성계는 신하들의 뜻에 따랐어요.

이로써 이성계가 왕이 되었습니다. 그는 이듬해 나라의 이름

도 바꾸었어요. 새 나라의 이름은 조선이었습니다. 이로써 고려는 세워진 지 474년 만에 역사에서 사라졌습니다.

 새 나라 조선이 탄생하던 날 정도전은 누구보다 감격하였어요. 그가 유배시절부터 꿈꾸던 것이 이루어졌기 때문입니다.

 1394년 조선은 수도를 개경에서 한성<sub>지금의 서울. 한양이라고도 불림.</sub>으로 옮겼습니다. 정도전은 한성에 궁궐을 짓는 등 새 수도를 건설하는 일에도 주도적인 역할을 하였답니다.

**이성계**(1335년~1408년)

**업적**

고려 시대 말기에 이성계는 군대를 지휘하여 중국에서 침입한 홍건적, 일본에서 침입한 왜구를 무찌르는 등 큰 활약을 하였어요. 연이은 승리로 이성계는 고려를 대표하는 장수가 되었답니다.

**혁명에 성공한 이성계**

어떤 나라에서 권력을 잡고 있던 세력을 몰아내고 새 정부를 세우는 것을 혁명이라고 해요. 이성계는 1388년 자신이 이끄는 군대를 이끌고 혁명을 일으켜 왕건의 후손인 왕 씨 임금을 몰아냈어요. 그리고 1392년에 새 나라 조선을 세웠어요.

**정도전**(1342년 ~ 1398년 )

**업적**

고려의 왕을 몰아내고 조선을 세운 것은 이성계이지만, 새 나라를 세우는데 큰 도움을 준 신하가 정도전이랍니다. 그는 조선의 법과 제도를 만들 때 주도적인 역할을 하였어요.

**이성계의 아들에게 죽은 정도전**

정도전은 조선을 똑똑한 신하들이 중심이 되어서 이끄는 나라로 만들려고 했어요. 그렇게 되면 왕의 힘은 약해집니다. 이성계의 아들 이방원은 이런 정도전의 생각에 반대했어요. 결국 이방원은 1398년 군사를 동원해 정도전을 죽였답니다. 이방원은 훗날 조선의 제3대 왕 태종이 되었어요.

## 생각해 볼까요?

마음에 드는 누군가와 친구가 되고 싶을 때가 있고, 함께 일을 하고 싶은 사람이 생각날 때도 있습니다. 이런 사람을 나의 짝꿍으로 만들고 싶다면 적극적일 필요가 있어요. 그 사람에게 찾아가 자기 마음을 표시할 필요가 있다는 것이지요. 이때 상대방이 나를 이해하고 또 생각을 받아들인다면 나와 그 사람은 좋은 짝꿍이 될 수 있습니다. 선비 정도전에게는 현실을 바꾸고 싶다는 꿈이 있었습니다. 그 꿈을 이루려면 이성계가 필요하다고 생각하였습니다. 그는 적극적으로 행동하여 그 꿈을 이룰 수 있었습니다.

# 고려 시대의 문화와 예술

### ★연등회의 팔관회

연등회와 팔관회는 고려 시대에 국가에서 주최하던 가장 큰 행사였어요. 연등회는 삼국시대에 생긴 행사로 등을 밝혀서 부처님에 대한 신앙을 표현했어요. 연등 행사는 오늘날에도 매년 5월 '부처님 오신 날'에 하고 있어요.
역시 삼국시대에 생긴 팔관회는 고려를 지키는 여러 자연신에게 제사를 드리는 행사였습니다.

연등회

### ★금속활자

고려는 세계에서 가장 뛰어난 인쇄기술을 가진 나라였어요. 당시 인쇄 방법은 편편한 나무 판에 글자를 새긴 후 종이를 얹어 인쇄하는 목판인쇄였습니다.
고려는 1234년 세계에서 처음으로 금속으로 만든 활자를 이용하여 《상정고금예문》이란 책을 인쇄하였답니다. 아쉽게도 이 책은 전해오고 있지 않아요. 현재 남아 있는 가장 오래 된 금속활자 책은 《직지심체요절》이란 책입니다. 이 책은 충청북도 청주에 있는 흥덕사라는 절에서 만들어졌어요.

### ★고려청자

청자 참외 모양 병

청자는 푸른 빛깔의 도자기를 말해요. 청자는 삼국시대부터 만들어졌는데, 고려 시대에 만들어진 청자는 특히 유명해요. 고려청자는 은은한 푸른 바탕에, 학 같은 새나 모란이나 국화 같은 꽃무늬를 넣은 것이 많았답니다. 고려 시대 도자기 기술자들이 만든 청자는 병, 항아리, 연적(먹을 갈 때 벼루에 따를 물을 담아 두는 작은 그릇) 등 다양하답니다.

## ★대장경

대장경은 불교 사상을 기록한 책입니다. 고려에는 불교를 믿는 사람이 많았고, 인쇄술이 발전하여 다양한 대장경을 만들었답니다.

고려 시대에 만들어진 대장경 중 가장 유명한 것은 《팔만대장경》입니다. 《팔만대장경》은 약 8만 개의 나무 목판에 불경을 새긴 것으로, 현재 경상남도 합천군에 있는 해인사라는 절에 있어요.

## ★《삼국사기》와 《삼국유사》

고려 시대엔 문학 작품, 역사 기록을 책으로 만들기도 했어요. 역사 분야에서 현재까지 전해오는 가장 중요한 책이 《삼국사기》와 《삼국유사》입니다. 《삼국사기》는 1145년 고려의 신하인 김부식이 만든 책으로, 삼국시대의 주요 역사를 기록한 책입니다.

《삼국유사》는 1285년 스님인 일연이 만든 책으로, 삼국시대의 역사 외에 불교에 대한 여러 전설을 기록한 책이에요. 우리가 삼국시대 역사를 자세히 알 수 있는 것은, 이 두 권의 책이 지금까지 전해지고 있기 때문입니다.

관촉사 석조 미륵보살 입상_ 고려 시대에 만들어진 불상 중 가장 큰 불상이에요.

삼국사기_ 1145년 왕명으로 김부식이 중심이 되어 편찬한 책이에요.
삼국유사_ 기존의 문헌들이 기록하지 못했던 역사를 널리 모아서 정리한 책이에요. 우리 고대 문화의 많은 부분을 밝히는 데 큰 도움을 주고 있어요.

제 5 장

과학기술을 발전시킨
왕과 신하

# 세종  장영실

장영실에게 세종은 하늘 같은 사람이었어요.
자신은 노비 출신 기술자이고, 세종은 왕이었으니까요.
노비 출신이라는 이유로 이런저런 차별을 받았지만
장영실은 열심히 노력하여 세종이 아끼는 신하가 되었답니다.

## 깊은 밤의 방문객

새 나라 조선의 수도인 한성, 왕이 사는 궁궐인 경복궁에 밤이 깊었습니다. 위~잉 날카로운 겨울바람 소리가 궁궐 마당을 휩쓸며 지나갔습니다.

사방은 깜깜했습니다. 궁궐을 순찰하는 병사들이 든 횃불만 어둠을 밝히고 있었어요.

그런데 〈서운관〉에서 희미하게 불빛이 새어나왔어요.

〈서운관〉은 궁궐 안에 있는 여러 관청 중 하나였어요. 〈서운관〉은 하늘의 별자리를 관찰하고, 지리를 연구하고, 날씨를 예측하는 일을 했어요. 훗날 〈서운관〉은 〈관상감〉으로 이름이 바뀝니다.

늦은 밤에 촛불을 밝히고 있는 사람은 장영실이었어요. 〈서운관〉에서 가장 계급이 낮은 그는 《계몽산》이란 책을 읽고 있

었어요. 《계몽산》은 중국에서 건너온 산학수학 책이었습니다.

'아하! 그렇구나.'

책을 읽다가 장영실은 간혹 감탄 소리를 냈어요. 모르던 것을 깨달을 때 저절로 입에서 나오는 소리였지요.

장영실이 밤늦게까지 공부하는 이유는 두 가지였습니다.

하나는 재미있었기 때문입니다. 재미있으니 졸리지 않았습니다. 시간 가는 줄도 몰랐습니다.

공부하는 또 하나의 이유는 꿈을 이루기 위해서였습니다. 그의 꿈은 조선 최고의 기술자가 되는 것이었어요. 하지만 그것은 장영실이 이루기에는 너무 큰 꿈이었어요. 그는 신분이 가장 낮은 노비 출신이었기 때문입니다. 어려서 글공부를 많이 하지 못해 〈서운관〉 동료들과 비교하면 책을 읽는데도 어려움이 많았어요. 그러나 장영실은 자신의 불리한 처지에 좌절하지 않았어요. 불리하면 남들보다 더 노력하면 된다고 생각했습니다.

책읽기에 열중한 탓에 장영실은 가까워지는 걸음 소리를 듣지 못했습니다. 문이 열리는 소리를 듣고서야 고개를 들었습니다.

문을 열고 들어온 사람을 본 순간, 장영실은 깜짝 놀랐습니다.

## 떡을 챙겨 오거라!

"저, 저 …전하!"

문을 열고 들어온 사람은 조선의 제4대 왕, 세종이었습니다.

통통한 체구에 인자한 미소를 띤 세종이 말했습니다.

"잠이 오지 않아 궁궐을 거닐다가 불빛을 보고 와 보았느니라."

"전하, 이 누추한 곳까지… 성은이 망극하옵니다."

세종은 어려서부터 독서를 좋아했는데 왕이 된 후에도 공부하기를 즐겼어요. 이날, 세종도 책을 읽다가 잠을 쫓을 겸 해서 궁궐 나들이를 한 것이었지요.

"네 이름이 장영실이렷다?"

"저같이 하찮은 것의 이름을 기억해 주시니 몸 둘 바를 모르겠나이다."

"하찮다니! 조선의 하늘 아래 사는 내 백성은 다 귀하다. 더구나 너는 〈서운관〉에서 일하는 인재다. 어찌 스스로를 하찮은 사람이라 하느냐?"

세종의 말에 장영실은 감격하여 다시 한 번 허리를 깊이 숙였습니다.

한성에 올라오기 전 장영실은 경상도에 있는 동래의 관청에서 일하는 노비였습니다. 관청에 필요한 물건을 만드는 기술자로 일했지요. 그는 손재주가 좋아서 무슨 물건이든지 잘 만들었습니다. 머리도 좋아서 하나를 배우면 두 개, 세 개를 깨우쳤습니다. 능력을 인정받은 그는 궁궐에서 일하는 기술자로 발탁이 되었습니다.

세종이 장영실의 책을 보며 말했습니다.
"《계몽산》을 보고 있구나. 이유가 있으렷다?"
"산학수학은 물건을 만드는 데 기초가 되는 학문인지라 읽고 있사옵니다."
"네 말이 옳다. 모든 학문에는 기초가 중요한 법이다. 산학을 모르면서 어떻게 백성을 이롭게 할 좋은 물건을 만들 수 있겠느냐. 나도 이 책을 보았느니라."
'임금님이 산학책을 읽으신다고?'
장영실의 눈이 동그래졌어요.
"놀랄 것 없다. 왕이 무엇이냐? 높은 자리에 앉아 편안히 먹고 노는 게 왕이냐? 아니다. 백성들을 위해 더 많이 알아야 하고, 더 많이 공부해야 하는 사람이 왕이다. 그러니 산학 공부를 마다할 이유가 없다."

"전하의 뜻이 참으로 성스럽사옵니다."

세종이 장영실을 물끄러미 바라보며 물었습니다.

"노비 출신이라 하여 너를 업신여기는 자들도 있으렷다?"

"…."

세종의 짐작은 사실이었습니다. 노비 출신에 시골 출신인지라 장영실은 〈서운관〉에서 이런저런 무시를 당했습니다.

다른 사람도 아니고 하늘 같은 왕이 자기 처지를 알아주니 장영실은 감격스러웠습니다.

"지금 어렵다고 서러움에 빠지지는 마라. 참아 내며 네 일에 힘써라. 그러면 네가 바라는 일이 능히 이루어질 것인즉!"

말을 마친 세종이 곁에 선 내시에게 말했습니다. 내시란 궁궐에서 왕의 심부름을 하는 사람을 말해요.

"떡을 챙겨 오거라. 장영실과 밤참을 함께 하고 싶구나."

장영실은 또 감격했습니다. 자신이 공부하는 곳을 찾아 주신 것도 영광인데, 격려해 주시고 또 먹을 것까지 내어 주시다니! 왕의 은혜가 하늘처럼 높고, 바다처럼 넓다고 생각했습니다.

장영실은 세종의 격려를 받은 후 더 열심히 공부했습니다.

밤에 하늘의 별자리를 관찰하며 〈서운관〉에서 하는 일에도 최선을 다했습니다.

　세종은 〈서운관〉에서 일하는 기술자들을 아꼈습니다. 겨울엔 따뜻한 옷을 선물로 내려 주며 격려하기도 했답니다.

　세종은 간혹 〈서운관〉에 와서 일하는 사람들과 토론을 하기도 했습니다. 토론 주제는 천문 관측, 일기 예측, 수학 등 다양했어요.

　장영실도 실력을 인정받아 토론에 참가하게 되었습니다. 토론을 마친 후 세종이 〈서운관〉 기술자들을 둘러보며 말했습니다.

　"너희들이 연구하고 싶은 것이 있으면 말해 보거라."

　기술자들이 이런저런 이야기를 했습니다.

　장영실 차례가 되었습니다. 그는 조심스럽게 자기 생각을 밝혔습니다.

　"우리 조선의 천문학은 아직 중국에서 전해진 지식에 많이 의존하고 있습니다. 중국의 이론이 빼어날진 몰라도 그것은 중국 땅이 기준이 되는 것이어서 조선의 현실에 맞지 않을 때가 있습니다."

세종이 환하게 웃으며 말했어요.

"하하! 어떻게 과인이 생각하던 바를 너도 생각하였느냐. 기특하구나."

세종은 이 무렵 궁궐 안에 별자리를 관찰하는 천문 관측기를 설치할 계획을 세웠습니다. 이를 위해선 설계도가 있어야 하는데 조선에는 그것이 없었습니다.

'방법은 하나뿐이다. 우리 기술자를 명나라에 보내 배워 오는 것이다.'

이렇게 생각한 세종은 1421년 명나라에 보낼 세 명의 기술자를 선발했습니다. 그중엔 장영실도 있었어요. 노비 출신의 기술자가 외국 유학을 떠나게 된 것입니다.

## 기적을 만든 사람

명나라에는 세계 각국에서 온 많은 천문학 책과 여러 가지 천문 관측기들이 있었습니다. 장영실은 열심을 다해 책을 읽고, 관측기를 연구했어요. 모르는 게 있으면 명나라 학자들에게 물어 궁금증을 풀었습니다.

1년 후 조선에 돌아온 장영실은 천문 관측기 제작에 뛰어들었습니다. 이 일에는 여러 기술자가 참여했는데, 장영실의 활약이 가장 눈부셨어요.

장영실은 끊임없는 연구 끝에 천문 관측기를 완성했습니다.

세종은 장영실을 칭찬하며 벼슬을 주려고 했습니다.

그때 몇몇 신하가 반대했습니다.

"조선을 세운 후 노비에게 벼슬을 준 일은 없었사옵니다. 노비인 자에게 벼슬을 내린다면 나라의 근본 질서가 흐트러질 수 있사옵니다."

세종은 신하들과 잘 소통하는 왕이었어요. 그는 신하들의 뜻을 받아들여 장영실에게 벼슬을 주지 않았습니다. 대신 장영실을 노비 신분에서 벗어나게 해 주었답니다.

이후에도 장영실은 연달아 업적을 세웠어요. 그중 하나가 해시계 발명입니다. 해시계는 그림자 길이를 이용해 시각을 알 수 있는 장치입니다.

또 장영실은 해시계보다 정교한 물시계를 만드는데도 성공했어요. 물의 흐름을 이용해 정확하게 시간을 알리는 방법을 연구하여 '자격루'라는 물시계를 만든 겁니다.

자격루를 완성한 후 세종은 장영실 등 기술자들을 격려하는 잔치를 베풀었습니다. 이 자리에서 세종이 말했어요.
"자격루의 완성에는 총명한 장영실의 솜씨가 큰 몫을 하였음

을 잘 아노라. 장영실에게 별좌 벼슬을 내리노라."

별좌 벼슬은 지방의 고을을 다스리는 벼슬인 수령보다 한 단계 높은 벼슬이었어요. 이번엔 신하들도 반대하지 않았습

니다.

 이로써 장영실은 노비 출신으로 벼슬까지 얻은 인물이 되었습니다. 신분 구별이 엄격했던 조선 시대에는 기적과 같은 일이었지요.

 장영실은 자신이 이뤄낸 성공에 도취하지 않았어요. 연구를 계속한 그는 천문 관측기인 '혼천의' 물시계인 '옥루'도 만들었어요. 이외에도 장영실은 책을 인쇄하는데 필요한 금속활자를 개선하고, 궁궐에서 사용하는 악기의 성능을 개선하는 일에도 공을 세웠답니다. 만능 기술자로 활약한 것이지요.

 세종 때 조선은 명나라 못지않은 선진국으로 발돋움했어요. 과학기술 분야도 크게 발전하였습니다. 이것은 세종 같은 지혜로운 왕과, 장영실 같은 부지런하고 천재적인 기술자가 있었기에 가능한 일이었습니다.

### 세종 (1397년 ~ 1450년)

#### 업적
조선의 제4대 왕인 세종은 우리 민족의 역사를 통틀어 '가장 훌륭한 왕'이라는 평가를 받는 임금입니다. 그는 32년 동안 왕으로 있으며 조선의 학문, 기술, 문화를 발전시켰어요. 또 국방을 튼튼히 하여 평화로운 시대를 만들었답니다.

#### 한글을 만든 세종
세종은 학문 연구기관인 〈집현전〉을 만들고 이곳에서 일하는 젊은 선비들과 같이 1443년 '훈민정음'이라는 문자를 만들었어요. 이 문자를 요즘은 '한글'이라고 합니다. 한글의 발명으로 우리 민족은 고유의 언어를 사용하는 수준 높은 문화국가가 될 수 있었어요.

### 장영실 (태어난 해와 죽은 해가 확실하지 않아요)

#### 업적
세종대왕이 나라를 다스리던 때에 궁궐에서 일하며 자격루(물시계) 등 우수한 발명품을 많이 만들어 조선을 과학 선진국으로 만드는 데 큰 역할을 하였어요.

#### 노비 출신의 과학 기술자
장영실은 원나라 출신의 아버지와, 경상도 동래 지방 관청에 소속된 기생 사이에서 태어났어요. 자라서 동래 관청에서 일하는 노비가 되었는데, 머리가 좋고 손재주가 뛰어나 궁궐 기술자로 발탁되었고, 훗날 조선을 대표하는 과학 기술자가 되었어요.

## 생각해 볼까요?

어떤 사람을 사귈 때, 그 사람의 출신이나 학력 같은 것을 중요하게 생각하는 경우가 있습니다. 그런데 이보다 중요한 것이 있습니다. 그 사람의 됨됨이를 따지는 것입니다. 됨됨이를 따진다는 것은 그 사람의 인격, 태도, 생각의 올바름을 따진다는 것을 말해요. 세종은 '노비 출신'이라는 조건을 따지지 않고 장영실을 발탁했습니다. 장영실의 똑똑하고 부지런한 됨됨이를 알아보았기 때문입니다. 이런 세종의 자세 때문에 장영실은 재능을 마음껏 꽃피웠고, 조선의 과학기술도 발전할 수 있었습니다.

# 조선 초기 10대 사건

### 사건1 조선의 건국(1392년)
1392년 이성계가 조선을 세웠어요. 조선 역사를 초기, 중기, 후기로 나눌 때, 초기는 제1대 왕인 태조 때부터, 제10대 왕인 연산군이 다스리던 시대까지를 말해요.

### 사건2 한성으로 수도를 옮김(1394년)
조선 정부는 1394년 과거에 고려의 수도였던 개성에서, 한강 근처에 있는 한성으로 수도를 옮겼어요. 한성은 현재의 서울특별시입니다.

조선 태조 이성계 어진

### 사건3 왕자의 반란(1398년, 1400년)
이성계의 다섯 번째 아들인 이방원은 왕이 되기 위해 1398년 자기가 거느린 병사들을 동원해서 자기가 권력을 잡는데 방해가 되는 여러 신하들을 몰아냈어요. 이어 1400년에는 왕 자리를 물려받을 예정이었던 다른 왕자를 몰아냈어요. 그 후 이방원은 조선 제3대 왕인 태종이 되었어요.

### 사건4 조선을 8개의 도로 나눔(1414년)
이때 나눈 8도에는 경상도, 충청도, 전라도, 경기도 같은 지역이 있었습니다.

수선전도_ 조선 시대 한성의 모습이에요.

### 사건5 한글이 만들어짐(1443년)
태종의 아들로 조선의 제4대 왕이 된 세종대왕은 조선의 학문, 과학기술, 문화를 크게 발전시켰어요. 그중 가장 큰 업적은 한글을 만든 것입니다. 1443년 완성된 한글의 첫 이름은 훈민정음이었어요.

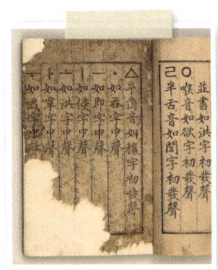

훈민정음 해례본 예의편

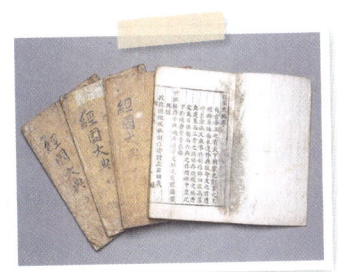

경국대전_ 세조의 명으로 편찬을 시작해 성종 대에 완성한 조선 왕조의 기본 법전이에요.

상평통보_ 조선 시대 사용했던 화폐예요.

종묘_ 종묘는 역대 조선 왕과 왕비의 신위를 모신 사당이에요.

### 사건 6 │ 4군 6진 개척 (세종대왕 시절)

세종대왕 시절에 조선은 북쪽 국경에 조선의 백성과 군인이 사는 지역인 4군과 6진을 개척하여 나라의 땅을 넓혔어요.

### 사건 7 │ 조카를 몰아내고 왕이 된 세조 (1455년)

왕이 되고 싶었던 단종의 삼촌 수양대군은 1453년 단종을 모시는 신하들을 몰아낸 후, 최고 권력자가 되었고, 1455년에는 단종을 억지로 몰아내고 조선의 제7대 왕이 되었어요. 그의 왕 이름은 세조입니다.

### 사건 8 │ 《경국대전》 완성 (1485년)

조선은 나라가 생긴 후 《조선경국전》이란 법전을 만들었어요. 또 1397년에는 내용을 보완하여 《경제육전》을 만들었답니다. 그러나 보충할 내용이 많아 다시 《경국대전》이란 법전을 만들었어요.

### 사건 9 │ 무오사화 (1498년)

무오사화는 무오년에 일어난 사화(士禍: 선비들이 큰 피해를 본 사건)입니다. 당시 조선을 다스리던 왕은 연산군이었는데, 이때 권력을 쥐고 있던 신하들이 반대 세력인 젊은 신하들의 세력을 모함했고, 연산군은 이 모함을 받아들여 많은 선비를 사형시키거나 유배를 보내는 벌을 주었답니다.

### 사건 10 │ 신하들에 의해 쫓겨난 연산군 (1506년)

연산군은 왕에 오른 후 많은 신하를 죽이는 등 난폭한 정치를 했어요. 여기에 불만을 가진 몇몇 신하가 군대를 조직해 반란을 일으켜 연산군을 쫓아내고 중종을 새 왕으로 모셨습니다. 이 사건을 중종반정(中宗反正)이라고 해요. 여기서 '반정'이란 '나쁜 왕을 몰아내고 새 왕을 모시는 것'을 뜻하는 말입니다.

# 제 6 장

### 전쟁 때, 나라에 헌신한 신하와 장수

# 유성룡 & 이순신

두 사람은 어릴 적 같은 동네에서 자랐어요.
유성룡이 이순신보다 3살 많았지요.
과거에 합격해 먼저 벼슬에 오른 유성룡은 이순신이
장군의 꿈을 이룰 수 있도록 격려해 주었어요.
또 왕이 인재를 발탁할 때 이순신을 추천하여,
이순신이 수군 지휘관이 될 수 있게 해 주었어요.

## 과연 이순신답구나!

"순신아, 너는 장수가 되면 좋을 것 같아. 씩씩하고 늠름하니까."

어느 날, 유성룡이 이순신에게 말했어요.

"전 덩치가 작은데 어떻게 장수를 해요?"

"하하! 덩치야 나이 먹으면 커지니까 걱정 마."

이번엔 이순신이 물었습니다.

"형은 꿈이 뭐예요?"

"난 과거에 합격해서 벼슬에 오를 거야. 그래서 조선을 살기 좋은 나라로 만들 거야."

"그렇게 될 거예요. 형은 똑똑하니까."

어린 시절부터 서로를 격려했던 두 사람은 저마다 꿈을 이루기 위해 열심히 노력했어요.

글공부를 열심히 한 유성룡은 1566년 과거에 합격하였습니다.

이순신은 장교를 뽑는 과거인 무과 시험에 도전했는데, 처음엔 낙방하였습니다. 실습 과목인 말 타기를 하다가 말에서 떨어졌기 때문이죠. 이순신은 포기하지 않고 다시 도전해 1576년 치러진 무과에 합격했어요.

유성룡은 이순신의 합격 소식을 듣고 이렇게 생각했어요.

'이순신이 장교가 된 것은 조선의 복이다. 나는 확신한다. 그가 조선을 지키는 버팀목과 같은 장수가 될 것이라고.'

이순신은 어릴 때부터 성격이 강직했답니다. 장교가 된 후에도 그는 변하지 않았어요.

이순신이 〈훈련원〉이라는 군사 기관에서 근무할 때였어요. 높은 사람이 찾아와 이순신에게 부탁했어요.

"자네가 진급 심사 담당이지? 이번에 내 친척 아무개가 승진할 수 있도록 힘 좀 써 주게."

그 말을 들은 이순신이 말했어요.

"나리, 진급을 결정하는 일은 공정하게 처리해야 합니다. 아무개는 아직 승진 조건을 갖추지 못했습니다."

"〈훈련원〉 장교에 불과한 자네가 어찌 내 부탁을 매정하게 거절하는가?"

"할 수 없습니다."

상사의 요구를 거절하는 건 쉬운 일이 아닙니다. 그런데 이순신은 당당하게 요구를 거절했어요. 옳지 않은 일은 하지 않겠다는 강한 신념이 있었기 때문입니다.

이 사건은 유성룡의 귀에까지 들어갔어요. 유성룡은 '과연 이순신답다!'라고 생각했지요.

세월이 흘러 1590년 유성룡은 우의정이 되었습니다. 우의정은 영의정, 좌의정과 더불어 삼정승<sub>세 명의 정승</sub>이라고 부르는 높은 벼슬로, 궁궐에서 왕을 모시고 나랏일을 의논하는 자리였습니다.

사람들이 부러워하는 높은 자리에 올랐지만 유성룡의 마음은 편치 않았어요. 나라가 어수선했기 때문입니다.

## 바람 앞의 촛불 같은 나라

1590년 도요토미 히데요시라는 사람이 왜<sub>일본</sub>를 통일했습니다. 군사력을 키운 그는 중국 대륙에 있는 명나라를 공격하기 위해 조선을 지나가려 하니, 길을 비켜달라고 요구했어요.

터무니없는 요구였습니다. 당연히 조선은 이 요구를 거절했어요. 하지만 이 상황에서 왜군<sub>일본군</sub>이 조선 땅에 몰려온다면 전쟁에서 질 게 뻔했습니다.

당시 조선의 군사력은 약했어요. 병사들은 훈련이 부족했습니다. 진지는 허술했고, 무기 사정도 좋지 않았어요.

당시 조선을 다스리던 임금은 선조였습니다. 유성룡은 선조에게 전쟁에 대비하여 훌륭한 장수를 발탁할 것을 건의했어요.

선조가 말했습니다.

"좋은 장수 후보로 누가 있는가?"

"정읍 현감인 이순신과, 형조에서 일하는 권율 같은 이가 있사옵니다."

유성룡이 이순신을 추천한 것은 개인적으로 친해서가 아니었어요. 용감하고 지도력이 있는 이순신이 좋은 장수 후보라고 생각했기 때문입니다. 유성룡은 권율 또한 그런 인물로 보았어요.

선조는 유성룡의 말을 받아들여 이순신을 전라좌수사<sub>전라도 수군을 지휘하는 장수</sub>로 임명하였어요. 권율은 국경 지역인 의주를 다스리는 벼슬을 얻었습니다.

1592년 이른 봄날, 유성룡은 남해안에서 근무하는 이순신의 편지를 받았습니다.

편지에는 일본의 침략을 크게 걱정하고 있다고 쓰여 있었어요. 또 전쟁에 대비하여 수군들을 훈련시키고 있으며, 배를 만들고 있다고 하였습니다.

3월이 가고 4월이 되었습니다.

그달 13일, 부산 앞바다에 배가 나타났습니다. 수평선 너머에서 나타난 배는 한 척이 아니었습니다. 배의 행렬은 끝없이 이어졌어요. 배에는 칼과 총으로 무장한 왜군들이 타고 있었습니다.

이것을 본 조선 병사가 공포에 사로잡혀 소리를 질렀어요.

"아! 기어코 전쟁이 터졌구나!"

경상도에서 올라온 병사가 궁궐에 도착해 보고를 올렸습니다.

"전하! 왜군이 한성을 향해 쳐들어오고 있나이다."

"왜군 규모가 어느 정도냐?"

"약 20만이옵니다. 그들은 세 갈래 길로 나눠 진격하고 있사옵니다."

1392년 태조 이성계가 조선을 세운 후, 20만 명의 대군이 조선 땅에 쳐들어온 것은 처음이었어요. 이 사건을 임진왜란이라고 합니다. 임진년에 왜가 일으킨 난리라는 뜻입니다.

보고를 받은 선조는 군대를 조직하란 명령을 내렸어요. 조선군은 부랴부랴 병사들을 모아 방어군을 만들었습니다. 방어군 사령관은 신립 장군이었어요.

신립이 지휘하는 조선군은 충청도에 있는 충주에서 일본군과 맞붙었어요. 결과는 조선의 패배였어요.

패배 소식이 전해진 후, 한성엔 비상이 걸렸습니다. 왜군에게 잡히지 않으려고 선조는 신하들을 이끌고 북쪽으로 피란을 떠났습니다. 그리고 왜군은 5월 3일, 한성을 정복하였어요.

왕을 모시고 피란 가는 신하 중엔 유성룡도 있었습니다. 피란을 가며 유성룡은 이순신을 생각했습니다.

'나라가 바람 앞의 촛불처럼 위태롭네. 지금이야말로 자네 같은 사람의 활약이 필요할 때네.'

유성룡이 선조를 모시고 북쪽으로 올라가던 5월 7일, 이순신은 남해에 있는 섬인 거제도의 옥포 앞바다에 있었어요. 경상도 바다를 지키는 수군 지휘자의 요청으로 전라도에서 배와 병사들을 이끌고 온 것이었어요.

"왜선<sub>일본군 배</sub>을 발견했다!"

갑판 앞에 서서 먼 바다를 살피던 병사가 소리쳤어요. 왜선은 약 30척이었습니다.

이순신은 머리에 투구를 쓰고 칼을 빼들었습니다.

잠시 후 이순신이 명령을 내렸어요.

"이곳은 조선의 바다다. 한 뼘의 바다도 저들에게 내줄 수 없다. 돌격하라!"

## 죄수가 된 영웅

"이순신이 지휘하는 수군이 왜군을 크게 무찔렀다 하옵니다."

연락병이 보고를 올렸습니다.

이 소식을 듣고 유성룡은 가슴을 쓸어내리며 기뻐하였어요.

이때 유성룡은 매우 바쁜 시간을 보내고 있었어요. 선조가 그를 도체찰사로 임명하였기 때문입니다. 그는 전쟁에 필요한 식량을 마련하기 위해 이리저리 뛰어다녔습니다. 또 부족한 병력을 보충하기 위해 백성들을 설득해야 했지요. 여기에 명나라에 군사 지원을 요청하는 일도 해야 했답니다.

한성을 점령한 왜군은 선조를 잡기 위해 북쪽으로 계속 진격하였어요. 그들은 과거 고려의 수도였던 개경을 정복하였습니다. 며칠 후엔 과거 고구려의 수도였던 평양까지 함락시켰어요.

북쪽으로, 북쪽으로 피란을 떠난 선조는 압록강 근처에 있는 도시인 의주에 도착하였습니다. 겁이 많은 왕이었던 그는 일본군이 더 올라오면 명나라 땅으로 도망칠 생각까지 하고 있었어요.

왕이 명나라로 도망간다면 병사들 사기가 크게 떨어질 게 뻔했습니다. 백성들은 왕을 원망하며 일본의 지배를 받아들일지도 몰랐습니다. 그래서 유성룡은 선조가 명나라로 건너가는 것을 끝까지 반대하였답니다.

하늘이 도우신 걸까요? 이 무렵 연이어 다행스런 일이 일어났습니다.

평양을 정복한 일본군은 더 이상 북쪽으로 올라오지 않았습니다. 명나라와 외교 협상도 잘 되어 명나라가 조선을 도울 군대를 보내 주었습니다. 또 나라를 사랑하는 의로운 백성들이 의병이 되어 무기를 들었습니다.

　여기에 또 하나 다행한 일이 있었으니, 왜군이 아직 전라도

땅을 정복하지 못하고 있었다는 것입니다.

　전라도는 조선에서 식량이 가장 많이 나는 곳으로, 전라도를 빼앗길 경우 조선은 큰 타격을 입을 게 뻔했어요.

어떻게 전라도 땅이 무사할 수 있었을까요?

그 이유는 분명했습니다. 이순신이 지휘하는 조선 수군이 전라도로 가는 남해 바다를 막고 있었기 때문입니다.

이순신은 옥포 앞 바다에서 첫 승리를 거둔 후부터, 1592년 바다에서 벌어진 열 번의 전투에서 모두 이겼어요. 이순신은 작전 능력이 뛰어났고, 전투 때마다 선두에 서서 병사들을 이끌었어요. 장수가 용감하니 병사들도 덩달아 용감해졌지요.

큰 공을 세운 이순신은 1593년 조선의 모든 수군을 지휘하는 삼도수군통제사가 되었습니다.

바다에선 조선 수군에게 깨지고, 육지에선 의병들의 공격에 시달린 일본은 더 이상 진격하지 못했어요.

조선에 온 명나라는 일본과 외교 협상을 맺어 전쟁을 끝내려고 했습니다. 두 나라 사이의 외교 협상은 지루하게 이어졌어요.

이때 이순신은 남해의 수군 기지에서 병사들을 훈련시키고 무기와 배를 만드는 일에 몰두하였답니다. 유성룡은 명나라를 도와 협상을 성공시키려고 힘썼어요.

유성룡의 노력에도 불구하고 긴 협상은 실패로 끝났어요. 협상이 뜻대로 이루어지지 않자, 왜군은 1597년 다시 군대를 조선 땅에 보냈어요. 이로써 '정유재란'이라고 하는 2차 전쟁이 시작되었습니다.

조선은 다시 전쟁의 소용돌이에 휘말렸어요. 이런 상황에서 또 불행한 일이 일어나고 말았습니다.

1597년 2월 선조가 이런 명령을 내린 겁니다.

"이순신을 체포하여 한성으로 올려 보내라!"

이순신은 하루아침에 죄인 신세가 되었습니다.

전쟁 영웅에게 왜 이런 일이 일어난 걸까요? 이순신이 없는 조선 수군은 왜군을 막아낼 수 있었을까요?

## 최후의 전투

당시 조선 수군에는 이순신이 수군통제사가 된 것을 질투하는 못난 장수가 있었습니다. 그는 이순신이 왜군 장수를 체포하라는 선조의 명령을 거역했다는 보고를 올렸습니다.

이것은 말도 안 되는 모함이었어요. '일본군 장수가 조선 땅에 온다'는 것은 일본 간첩이 퍼뜨린 거짓 정보였기 때문입니다. 이순신은 이를 알고 병사를 출동시키지 않았어요.

이순신이 한성으로 끌려가는 것을 본 남해안 지방의 백성들은 통곡하였어요.

"장군! 우리를 두고 어디 가십니까. 장군이 없으니 이제 우리는 죽은 목숨입니다."

이순신은 한 달 가까이 감옥에 갇혀 있었습니다. 선조는 이순신을 감옥에서 풀어 준 후에도 아무 계급도 없는 병사가 되게 하였어요. 전쟁 영웅에게 참으로 모욕적인 일이었지요.

왕의 어리석은 행동은 곧 대가를 치렀어요. 이순신이 없는 사이 벌어진 전투에서 조선 수군이 왜군에게 크게 지고 만 것입니다.

조선이 다시 위험에 빠지자 그제서야 선조는 이순신을 다시 수군통제사에 임명했어요.

진지에 돌아온 이순신은 어이가 없었습니다. 그 사이 일본군에게 연달아 진 탓에 조선 수군의 배는 열두 척만 남아 있었기 때문입니다. 그러나 그에게는 실망할 시간이 없었어요. 바로 전투를 준비해야 했습니다.

그해 9월 한성으로 승리의 소식이 날아들었습니다.

"이순신이 울돌목에서 큰 승리를 거두었다 하옵니다."

참으로 기적적인 승리였습니다. 왜군과 비교하면 배가 절대적으로 부족한 상황에서 이순신은 울돌목의 물살이 아주 빠른 특징을 이용해 승리를 거두었습니다. 적의 배를 100척 이상 침몰시킨 큰 승리였어요.

남해 바다를 금방이라도 다 차지할 것 같았던 왜군의 기세는 이 전투에서 진 후, 꺾이고 말았어요. 이순신이 다시 조선을 구한 것이지요.

7년간 이어진 전쟁은 1598년에 끝이 났습니다. 왜를 다스리던 도요토미 히데요시가 죽은 후 왜군이 조선 땅에서 물러났기 때문이지요.

그해 11월 19일, 이순신은 후퇴하는 왜군을 공격했습니다. 이 전투에서도 승리를 거뒀지만, 이날 비극이 일어났어요. 이순신이 왜군이 쏜 총탄에 맞아 전사하고 만 것입니다.

"이순신이 죽다니! 아, 하늘이 무너지는 것 같구나!"

이순신의 전사 소식을 들은 유성룡은 통곡하였습니다.

**명량 대첩**
이순신은 조선 수군의 근거지를 명량 근처로 옮긴 뒤 1597년 9월 16일, 일본 수군이 명량으로 들어오자 조선의 전함을 일렬로 배치하여 좁은 물길을 지나가려는 일본 수군을 총공격했어요. 일본 수군은 좁고 거친 물살에 갇힌 채 조선 수군의 공격을 받아 큰 피해를 입었어요.

전쟁 기간 동안 이순신 못지않게 조선을 구하는 일에 헌신했던 유성룡도 공교롭게 이 무렵 벼슬에서 쫓겨났어요.

당시 유성룡은 전쟁으로 고통 받는 백성들을 위한 여러 개혁 정책을 추진하려고 했습니다. 이를 못마땅하게 생각한 신하들이 그의 해임을 요청했고, 어리석은 왕 선조가 이를 받아들인 것입니다.

벼슬자리에서 물러난 유성룡은 고향인 안동으로 내려갔습니다. 그리고 임진왜란이 일어난 뒤부터 끝날 때까지 7년의 사실을 기록한 《징비록》이란 책을 썼어요. 전쟁의 원인과 백성들의 고통, 당시에 활약했던 인물들까지 정확하고 자세하게 기록했지요. 책을 쓰는 동안 선조는 그에게 다시 벼슬자리를 주었습니다.

유성룡은 이를 거절하고 책 쓰기에 몰두했어요. 이순신과 더불어 임진왜란 때 나라를 구하는데 큰 공로를 세운 유성룡은 1607년에 죽었습니다.

### 유성룡 (1542년~1607년)

#### 업적
임진왜란 때 가장 높은 벼슬인 정승이 되어 외교, 국방 분야에서 활약했어요. 또 전쟁으로 고통 받는 백성을 위한 여러 개혁 정책도 추진하려고 노력했답니다.

#### 징비록을 쓴 유성룡
유성룡은 전쟁이 끝난 후 전쟁이 일어난 원인, 과정, 결과 등을 기록한 책인 《징비록》을 썼어요. 그는 이 책에서 조선 정부의 잘못도 기록하여, 후손들에게 교훈을 주려고 했답니다.

### 이순신 (1545년~1598년)

#### 업적
임진왜란으로 조선이 망할 위기에 처했을 때 수군을 지휘하여 왜군과 바다에서 벌인 전투에서 승리하였어요. 그는 위기에서 나라를 구하는 데 결정적인 역할을 했어요.

#### 조선 해군의 선두에 선 거북선
조선 수군의 주력 배인 판옥선은 2층 구조였어요. 1층은 노를 젓는 곳이고, 2층은 병사들이 화살과 대포를 쏘는 곳이었지요. 거북선은 판옥선에 철판 덮개를 씌운 배입니다. 덮개 위에는 송곳 같은 것을 꽂았기 때문에 왜군은 거북선에 접근해도 배를 건너와 공격하기 어려웠어요. 또 거북선 앞의 용머리 부분과 배 뒤의 꼬리 부분에는 대포를 쏘는 장치가 있었답니다.

## 생각해 볼까요?

요즘엔 나이가 같아야 친구가 되는 경우가 대부분입니다. 조선 시대에는 나이 차이가 많이 나지 않고, 마음이 잘 통하면 벗이 되었답니다. 유성룡과 이순신도 나이 차이가 있었지만 평생 우정을 나누었어요. 마음이 맞는 사람과 친구가 되는 데 나이는 크게 중요하지 않아요. 중요한 것은 마음이지요. 특히 서로를 존중하는 마음이 있어야 합니다. 상대방을 존중하는 마음과 태도를 간직한다면 나이 차이를 떠나 우정을 나누는 사이가 될 수 있습니다.

한 눈에 쏙 들어오는 역사 지식 ⑥

# 조선 시대에 일어난 전쟁

### ★ 여진 정벌

여진족은 조선 땅 북쪽에 살던 민족입니다. 조선 초기에 여진은 여러 번 국경을 넘어 조선 땅에 쳐들어왔어요. 그래서 조선 정부는 군대를 조직해서 1433년부터 1491년까지 여러 번 여진 정벌을 하였습니다.

### ★ 임진왜란 & 정유재란

임진왜란은 1592년에 일어난 일본의 1차 침략전쟁입니다. 정유재란은 1597년 다시 일본이 쳐들어온 전쟁이죠. 두 번의 전쟁으로 수많은 조선 백성이 죽었는데, 전투에서 죽은 사람도 많지만 굶주려 죽은 백성도 많답니다. 전쟁 때 명나라는 군대를 보내 조선을 도와주었는데, 이로 인해 명나라의 경제 상태는 나빠졌고 명나라의 힘도 약해지기 시작했어요.

### ★ 정묘호란 & 병조호란

명나라가 약해진 틈을 타 만주 땅에서 여진족이 세력을 키웠어요. 여진족은 후금이란 나라를 세워 1627년(인조 5) 조선에 쳐들어왔습니다. 2개월간 벌어진 이 전쟁을 정묘호란이라고 해요. 후금은 1636년 나라 이름을 청나라로 바꿉니다. 그리고 조선이 자기들 말을 고분고분 듣지 않자 다시 쳐들어왔으니, 이 전쟁을 병자호란이라고 해요. 조선은 이 전쟁에서 져서 항복하였고, 왕자와 신하 그리고 많은 백성이 청나라 땅에 인질로 끌려가야 했답니다.

거북선 모형

난중일기 초고본_ 충무공 이순신이 임진왜란 때 진중에서 쓴 일기예요. 2013년에 유네스코 세계 기록유산으로 등재되었어요.

삼전도비_ 인조가 청 태종에게 항복한 사실을 기록한 비적이에요.

## ★ 병인양요 & 신미양요

19세기에 조선은 서양 강대국의 침략을 받았습니다. 1866년 프랑스는 조선이 자기 나라 천주교 신부를 죽였다는 이유로 조선에 군대를 보냈습니다. 이 사건을 병인양요라고 합니다. 이어서 1871년엔 미국 해군이 조선 땅에 상륙하여 전투가 벌어졌는데, 이 사건을 신미양요라고 합니다. 조선은 이 두 나라의 공격을 잘 막아내긴 했지만, 왕이 무능하고 정치가 혼란해져서 시간이 갈수록 약한 나라가 되었답니다.

## ★ 청일전쟁

19세기 말에 조선의 힘이 약해진 틈을 타서 청나라와 일본은 조선을 자기들이 지배하는 지역으로 만들려고 경쟁하였어요. 두 나라는 1894년부터 1895년까지 조선 땅에서 전쟁을 하였는데, 이것을 청일전쟁이라고 합니다. 결과는 일본의 승리였어요. 청일전쟁 승리로 일본은 조선 땅에서 큰 힘을 휘두르게 되었어요.

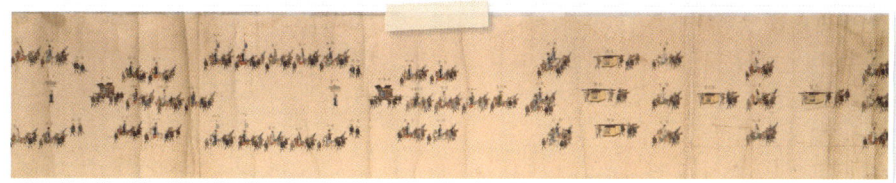

에도성에 들어가는 통신사 행렬도_ 일본에 파견한 조선의 외교사절인 조선 통신사 행렬을 묘사한 그림이에요. 임진왜란 이후에 단절되었던 조선통신사를 1607~1811년 사이에 열두 차례 파견했어요.

## 제 7 장

### '오성과 한음 이야기'로 유명한 선비 친구

# 이항복 & 이덕형

두 사람은 청년 시절에 처음 만나 죽을 때까지 친구로 지냈어요.
친구였지만 두 사람의 성격은 많이 달랐어요.
이항복은 쾌활한 성격이었고, 이덕형은 얌전한 성격이었지요.
성격은 달라도 두 사람은 끝까지 좋은 친구로 지냈어요.

## 욕심쟁이 혼내 주기

　이번엔 역사 인물 중 가장 유명한 짝꿍 이야기를 할게요. '오성과 한음'이라고 불리는 두 사람의 이야기예요. 오성은 이항복을 가리키고, 한음은 이덕형을 말해요.
　두 사람의 우정은 워낙 유명해서 이들을 주인공으로 한 '오성과 한음 이야기'가 사람들 사이에 유행하기도 했어요.
　전설로 전해 오는 '오성과 한음 이야기' 중 하나를 들려줄게요.

　어느 날, 한 농부가 이항복과 이덕형을 찾아왔습니다.
　"지혜로운 도령님들, 도와주십시오."
　도령이란 조선 시대에 장가를 안 간 남자를 높여 부르던 말이에요.

"무슨 일이십니까?"

"며칠 전에 제 아내가 길을 가다가 오줌이 너무 마려워 어느 대감 집 밭에 오줌을 눴습니다. 그런데 이 사실을 알게 된 대감이 자기 밭에 오줌 눈 것은 자기를 모욕한 거라고 노발대발했지 뭡니까. 그러고는 오줌을 눈 대가로 저희 집 소를 빼앗아 갔습니다. 너무 억울하옵니다. 소를 되찾게 해 주시옵소서."

대감의 행동이 고약한 짓이라고 생각한 두 사람은 소를 다시

찾을 꾀를 냈어요.

　며칠 후, 이항복과 이덕형은 욕심쟁이 대감 밭에서 싸움을 했어요.

　지나가던 욕심쟁이 대감이 물었어요.

"왜 싸우는가?"

　이항복이 이덕형을 가리키며 말했어요.

"제가 길을 가다가 하도 급해서 여기에 오줌을

누려고 했습니다. 그런데 이 친구가 여기서 오줌을 누면 소를 빼앗긴다고 저를 말렸습니다. 말도 안 되는 소리라 무시하고 오줌을 눴는데, 이 친구가 계속 말리는 바람에 바지에 오줌을 흘리고 말았습니다. 그러니 화가 안 나겠습니까?"

그러자 이덕형이 말했어요.

"저는 진짜 이 밭에 오줌 눴다가 소를 빼앗긴 사람 이야기를 들었기에 말린 겁니다."

이항복이 말했습니다.

"말도 안 돼! 자기 밭에 오줌 눴다고 소를 빼앗는 사람이 어디 있나? 사실이라면 내 삼촌이 암행어사니 그분께 진상을 조사하라고 아뢰겠네."

이 말을 들은 욕심쟁이 대감은 덜컥 겁이 났습니다. 그는 곧 집으로 돌아가 빼앗은 소를 농부에게 돌려주었습니다.

이항복과 이덕형은 대감에게 겁을 줘 소를 되돌려 받으려고 연극을 한 것이었어요.

이렇게 죽이 척척 맞는 두 사람은 어떻게 만났을까요?

이항복과 이덕형이 처음 만난 것은 1580년에 치러진 과거 시험장에서였답니다. 25살이었던 이항복과, 20살이었던 이덕형은 과거에 함께 합격하였어요.

이덕형은 자기보다 나이가 많은 이항복이 마음에 들었어요. 대화를 나눠 보니 바른 생각을 가진 선비였기 때문입니다. 그가 쾌활하고 재치 있는 사람이란 것도 마음에 들었어요.

'오성과 한음 이야기'에는 이항복의 재치를 알 수 있는 감나무 이야기도 있어요.

## 이 손이 누구 손입니까?

이항복이 살던 집에는 큰 감나무가 있었습니다. 가을이 되면 가지에 감이 주렁주렁 달렸지요.

이항복이 하인들에게 감을 따라는 명령을 내렸어요.

감나무 가지 중에는 담장을 넘어 옆집으로 뻗은 것도 있었지요. 하인이 그 가지의 감을 따려고 하자 옆집 하인이 시비를 걸었어요.

"담을 넘어 온 감은 우리 것이다."

이렇게 말한 옆집 하인은 담을 넘은 가지의 감을 따서 가져갔습니다. 이걸 본 이항복은 잠시 생각을 한 후, 옆집 문을 열고 들어갔어요.

주인이 있는 방문 앞에서 이항복이 말했습니다.

"옆집 사는 이항복이옵니다. 주인 어른을 뵈러 왔사옵니다."

"들어오게."

신발을 벗고 마루에 올라온 이항복은 방으로 들어가지 않고 손을 열린 방문 사이로 쭉 뻗었어요.

이를 본 주인이 소리를 질렀어요.

"이게 무슨 짓인가?"

이항복이 물었어요.

"이 손이 누구 손이옵니까?"

"그야 자네 손이지."

"그렇다면 나리의 집으로 뻗은 저희 집 감나무 감은 누구의 것이옵니까?"

"그게 무슨 소린가?"

이항복은 감 때문에 하인들끼리 싸운 이야기를 했습니다. 이야기를 들은 주인이 자기 하인에게 말했어요.

"담을 넘은 감도 다 옆집 것이다. 돌려주거라!"

이처럼 호탕하고 재치 있는 이항복과는 달리 이덕형은 얌전한 선비였습니다.

이항복은 성격도 다르고 자기보다 나이가 어려도 이덕형이 마음에 들었어요. 이덕형에겐 강직한 마음, 즉 꿋꿋하고 곧은 마음이 있었기 때문입니다.

과거에 합격한 후, 두 사람은 나란히 벼슬 생활을 시작했어요. 그러던 어느 날, 한 선비가 이항복에게 말했어요.

"자네 왜 이덕형과 친하게 지내나?"

이항복이 대꾸했어요.

"마음에 들어서 친하게 지낸다네."

"자넨 서인에 속한 사람이고, 이덕형은 남인에 속한 자네. 어떻게 서인 선비가 남인 선비를 가까이 한단 말인가?"

## 출세보다 친구가 중요해

요즘 정치에는 여당과 야당이 있습니다. 선거에서 이겨 정부를 이끄는 정당을 여당이라고 하고, 반대편 당을 야당이라고 합니다. 또 같은 당 안에도 생각이 비슷한 사람들끼리 친하게 지내는 경우가 있습니다. 이것을 계파라고 하죠.

조선 시대는 왕이 다스린 시대였지만, 신하들 사이에도 이런 계파가 있었답니다. 이걸 당파라고 했어요.

이항복과 이덕형이 과거에 합격했을 무렵, 조선에는 여러 당파가 생겼어요. 당파들 사이의 경쟁과 다툼도 자주 일어났지요. 당시 신하들은 네 개의 당파로 나뉘져 있었어요. 동인, 서인, 남인, 북인 세력이었어요.

당파는 본인이 결정하는 경우도 있지만, 본인 생각과 관계없이 정해지기도 했어요. 어떤 당파에 속한 집안에서 태어났는가, 어떤 당파에 속한 스승에게 배웠느냐에 따라 자연스럽게 당파가 정해지기도 했던 겁니다.

이때 이항복은 서인 세력에 속하였고, 이덕형은 남인 세력에 속하였어요. 이항복에게 왜 이덕형과 친하게 지내느냐고 참견한 사람도 서인 선비였지요.

이항복은 그 사람에게 말했습니다.

"당파가 다르다고 마음 맞는 친구를 어찌 버린단 말인가?"

"자네를 위해서 하는 말일세. 출세하는 데 도움이 안 될 수 있어."

"쓸데없는 소리! 좋은 친구와 계속 우정을 나눌 수 있다면 출세하지 못해도 괜찮네."

이항복 말에 그 선비는 더 이상 말을 하지 못했어요.

1592년, 임진왜란이 터지자 선조 임금은 한성을 떠나 북쪽으로 피란을 떠났습니다. 이때 많은 신하가 임금을 따라갔는데, 그중엔 이항복과 이덕형도 있었습니다. 이항복은 이때 도승지였고, 이덕형도 대제학이라는 높은 벼슬을 하고 있었거든요.

1592년 5월에 한성을 정복한 왜군은 북쪽으로 진격하였어요. 얼마 후 왜군 장수는 조선 정부에 이런 편지를 보냈습니다.

"의논할 것이 있다. 이덕형을 보내라!"

이덕형은 전쟁이 일어나기 전부터 왜국 사신을 만나 나랏일을 의논한 경험이 있었습니다. 그래서 왜군은 자신들에게 낯익은 인물인 이덕형을 보내라고 한 겁니다.

이덕형은 남쪽으로 내려가 왜군 장수를 만났습니다.

왜군 장수가 말했어요.

"우리 목표는 명나라요. 그러니 조선은 길을 비켜 주시오."

이덕형은 평소엔 얌전했지만 옳고 그름을 따지는 일에선 뜻이 굳센 사람이었어요.

이덕형이 말했습니다.

"이 나라의 강과 산과 들판은 모두 조선의 왕이 다스리는 곳이거늘, 어찌 비켜달란 거요? 받아들일 수 없소이다."

이덕형은 왕이 머물던 곳에 돌아와 회담 결과를 보고했습니다.

　이때 이항복과 이덕형은 같은 집의 방을 빌려 피란살이를 하였어요. 회담을 하고 돌아온 날, 이덕형은 이항복과 밤늦도록 이야기를 나누었습니다.

　이항복이 말했습니다.

　"왜군 요구를 거절한 것은 잘한 일일세. 문제는 지금 우리의 군사력이 왜군보다 크게 약하다는 점이야. 위기를 벗어나려면

특별한 대책이 필요할 것 같네."

"같은 생각입니다. 방법은 하나뿐입니다."

이항복이 물었어요.

"그 방법이 무엇인가?"

"명나라의 도움을 받는 겁니다."

"자네도 나와 생각이 같구먼."

두 사람은 명나라에 사신을 보내 지원군을 요청해야 한다고

건의했어요. 이때 영의정으로 가장 벼슬이 높았던 유성룡도 찬성하였어요.

선조는 이덕형을 사신 대표로 명나라에 보냈어요.

이덕형은 잠시도 쉬지 않고 말을 타고 명나라로 달려갔습니다.

명나라의 군사 지원을 받는 것은 어려운 임무였습니다. 조선이 왜국과 짜고, 전쟁을 벌인 척하는 게 아니냐고 의심하고 있는 명나라를 설득해야 했지요.

## 기쁨도 함께, 슬픔도 함께

명나라에 도착한 이덕형은 명나라 신하들을 만나 설득하고 또 설득했어요.

"조선이 정복당하면 명나라 또한 위험해집니다. 그 전에 두 나라가 힘을 모아 조선 땅에서 왜군을 막아야 합니다."

잠시도 쉬지 않고 명나라 신하들을 만난 이덕형의 노력은 효과를 보았어요. 몇몇 신하가 명나라 황제에게 조선을 도울 필요성을 말했고, 황제가 지원 결정을 내린 겁니다.

명나라의 지원은 조선에 큰 힘이 되었습니다. 그 결과

1598년 왜군은 자기네 나라로 완전히 돌아갔고, 전쟁도 끝이 났어요.

이 전쟁에서 여러 영웅이 큰 공을 세웠습니다. 앞서 살펴본 이순신이 대표적인 사람입니다.

신하들 중에도 큰 공을 세운 사람들이 있었습니다. 대표적인 사람이 유성룡 그리고 이항복과 이덕형이었어요. 두 사람은 유성룡이 그러했던 것처럼, 전쟁기간 동안 외교, 군사, 백성 돕기 등 여러 분야에서 최선을 다해 일하였답니다.

1608년 선조가 죽고 광해군이 제15대 왕으로 즉위했습니다. 광해군이 즉위하면서 이항복과 이덕형에게 시련이 닥쳐요.

광해군의 아버지 선조는 왕비와의 사이에 아들이 없었습니다. 광해군은 선조와 후궁 정식 왕비가 아닌, 왕의 다른 부인 사이에 태어난 왕자였어요.

선조는 죽은 왕비를 대신하여 인목왕후를 새 왕비로 맞았어요. 얼마 후 두 사람 사이에 아들이 태어났습니다. 이 왕자의 이름은 영창대군이었어요. 왕과 왕비 사이에 태어났기 때문에 영창대군은 조선 조정에서 후궁을 어머니로 둔 왕자들보다 귀한 존재였어요.

선조가 죽은 후 광해군이 왕이 되었고, 인목왕후는 궁궐에서 가장 높은 어른인 인목대비가 되었습니다.

광해군은 부지런히 나랏일을 한 왕이었어요. 하지만 그는 왕자리를 빼앗길지도 모른다는 불안에 시달렸습니다. 신하들 중에 영창대군을 새 왕으로 앉히려는 세력이 있었기 때문입니다.

그러자 당시 권력을 쥐고 있던 당파인 북인 세력이 인목대비, 영창대군을 몰아내야 한다고 주장했어요.

이항복과 이덕형은 여기에 반대했습니다. 이 때문에 이덕형은 벼슬자리에서 물러나야 했어요. 이덕형은 벼슬에서 물러난 지 얼마 안 되어 1613년에 죽었습니다. 이덕형의 죽음은 이항복에게 가슴이 찢어지는 듯한 슬픔을 주었어요.

광해군은 결국 북인 세력의 주장에 따라 인목대비를 궁궐에 가두고 밖으로 나오지 못하게 하였어요. 이항복이 여기에 반대하자 북인 세력은 이항복에게 벌을 줄 것을 주장했어요. 결국 이항복은 1618년 함경도의 북청 지방으로 유배를 떠났고 그곳에서 죽고 말았습니다.

청년 시절에 만난 후, 평생 짝꿍이 되었던 이항복과 이덕형! 기쁨과 슬픔을 함께 한 두 사람의 관계는 우리 역사에서 가장 유명한 우정이 되었답니다.

**이항복**(1556년~1618년)

### 업적
1592년 일어난 임진왜란 때 선조 왕의 도승지(오늘날의 대통령 비서실장 같은 벼슬)로 왕을 모셨고, 국방을 책임지는 자리인 병조판서가 된 후엔 조선의 군대를 지휘하였답니다.

### '오성'의 유래
조선 시대엔 사람을 높여 부를 때 그 사람의 벼슬 이름을 앞에 붙이기도 했어요. '오성'은 이항복이 임진왜란 때 공을 세우자 나라에서 내려준 명예로운 벼슬 이름인 '오성부원군'에서 유래했어요. 사람들은 이항복을 '오성 대감'이라고 높여 불렀어요.

**이덕형**(1561년~1613년)

### 업적
이덕형은 임진왜란 때 큰 공을 세웠어요. 가장 큰 업적은 명나라의 황제와 신하들을 설득하여 명나라가 조선을 돕는 군대를 파견하게 한 것입니다.

### '한음'의 유래
한음은 이덕형의 '호'입니다. 호는 사람의 본 이름 외에, 허물없이 부르려고 지은 별도의 이름이에요. 호는 보통 두 글자의 한자로 지었는데, 이항복의 호는 '백사', 이덕형의 호는 '한음'이었어요. 조선 선비들 중엔 여러 개의 호를 가진 사람도 있었답니다.

## 생각해 볼까요?

나와 성격이 비슷한 사람을 만나면 편합니다. 친구 되기도 쉽지요. 하지만 성격이 달라도 얼마든지 좋은 사이가 될 수 있어요. 이항복과 이덕형도 그랬지요. 그들이 친구가 될 수 있었던 것은 서로의 사람 됨됨이에 대한 믿음이 있었기 때문이었어요. 두 사람은 생각이 곧은 선비였고, 나라와 백성을 위해 일하겠다는 바른 마음이 있었습니다. 서로의 됨됨이를 알아보았기에 두 사람은 평생 친구가 될 수 있었지요. 이 두 사람처럼, 누군가를 친구로 삼을 때 그가 어떤 생각을 가지고 있고, 또 어떤 자세로 사는 사람인가를 살펴볼 필요가 있습니다.

### 한 눈에 쏙 들어오는 역사 지식 ⑦

# 조선 중기 10대 사건

### 사건1  삼포왜란 발생(1510년)

제11대 왕인 중종이 즉위한 1506년부터, 제20대 왕인 경종이 죽은 1724년까지를 조선 중기로 구분합니다. 삼포는 조선 정부가 조선에 온 일본 상인들이 머물 수 있도록 허락해 준 세 개의 항구를 말해요. 1510년에는 조선의 정책에 불만을 가진 일본인들이 반란을 일으켰어요. 조선 정부는 군대를 보내 일본인들을 대마도로 쫓아냈답니다.

천성진성_ 왜구의 침입을 막기 위해 1544년에 부산 지역에 쌓은 성입니다.

### 사건2  기묘사화(1519년)

연산군에 이어 왕이 된 중종은 조광조 등 젊은 선비들에게 벼슬을 주고 개혁 정책을 추진했어요. 여기에 불만을 느낀 신하들이 모함을 하여 조광조 등 개혁파 신하들이 큰 피해를 입는 사건이 발생했으니, 이것을 기묘사화라고 합니다.

### 사건3  〈백운동 서원〉 건립(1543년)

서원은 유명한 학자를 기념하고 또 학교 역할을 하던 교육 기관을 말해요. 최초의 서원은 1543년 경상도의 풍기 지방을 다스리던 주세붕이 세운 〈백운동 서원〉입니다. 이후 조선 땅 곳곳에는 많은 서원이 세워졌어요.

소수서원 현판_ 풍기군수가 된 이황이 왕에게 진언을 올려 명종에게 소수서원이라는 현판을 하사받았어요.

### 사건4  임꺽정의 난 발생(1559년)

제13대 왕인 명종 때 정치가 혼란스러워지자 조선 백성들은 가난에 시달렸어요. 덩달아 도적 떼도 늘어났어요. 이 중 대표적인 것은 임꺽정이 이끄는 도적 떼였어요. 임꺽정은 1559년부터 1562년까지 황해도와 경기도 지역에서 도적 무리를 이끌었습니다.

### 사건 5 당파 싸움 시작 됨(1575년)

조선 중기가 되면 사대부(과거에 합격하여 벼슬에 오른 선비)가 나라를 이끄는 중심 세력이 됩니다. 그런데 벼슬에 오른 사대부가 많아지면서 1575년에 사대부 세력은 동인과 서인으로 나눠져 당파 싸움을 시작하였어요. 이어 남인, 북인이라는 두 개의 당파가 더 생겼어요.

### 사건 6 일본의 침략(1592년, 1597년)

1592년 쳐들어온 것이 임진왜란이고, 1597년 다시 쳐들어온 것이 정유재란입니다.

### 사건 7 대동법 실시(1608년)

조선 시대엔 각 지방에서 나는 여러 특산물을 세금으로 바치는 제도가 있었어요. 조선정부는 1608년 이런 특산물 세금을 쌀로 통일해서 납부하는 대동법을 실시했어요.

대동법 시행 기념비

### 사건 8 인조반정(1623년)

광해군 시대에는 네 개의 당파 중에서 북인이 권력을 잡았어요. 1623년 서인 세력이 반란을 일으켜 광해군을 몰아내고 인조를 새 왕으로 추대했어요. 이 사건을 인조반정이라고 해요.

### 사건 9 청나라의 조선 침략(1627년, 1636년)

1627년에 여진족이 세운 나라인 후금(뒤에 청나라로 이름을 바꿔요)이 쳐들어온 것이 정묘호란입니다. 청나라가 1636년에 쳐들어온 사건은 병자호란이라고 해요.

### 사건 10 안용복의 울릉도 정벌(1696년)

부산 출신의 어부인 안용복은 사람들을 이끌고 동해로 가서 울릉도 근처 바다에서 고기를 잡던 일본 어부들을 쫓아내고, 울릉도와 독도 지역이 조선의 땅임을 확인했어요.

## 제 9 장

과학과 문화를 발전시킨
선비 친구

# 홍대용
# &
# 박지원

청년 시절에 만난 두 사람은 곧 친구가 되었어요.
학문을 좋아하고, 욕심이 없고, 올바르게 살려는 공통점이 있었거든요.
이후 두 사람은 어려울 땐 도와주고, 힘들 땐 격려해 주고,
궁금한 건 서로 가르쳐 주면서 오랫동안 우정을 나누었어요.

### 이해하며 읽어라

1755년 경, 청년 선비 박지원이 유명한 학자 김원행의 집을 찾았습니다. 박지원의 인사를 받은 김원행이 그의 옆에 있는 젊은 선비를 가리키며 말했어요.

"소개해 줄 사람이 있네. 내가 가장 아끼는 제자 홍대용이라네."

홍대용이 박지원에게 고개를 숙이며 말했습니다.

"홍대용이라 하옵니다."

홍대용은 박지원보다 여섯 살이나 많았지만, 깍듯하게 존댓말을 했습니다. 같은 선비로서 상대를 존중하였기 때문이죠.

나이는 어렸지만 박지원은 이미 한성에서 유명한 선비였어요. 글을 아주 잘 썼거든요.

박지원은 홍대용에게 호감을 느꼈습니다. 맑은 눈빛부터 마음에 들었어요. 그의 눈빛은 착하고 총명해 보였습니다.

그날 홍대용과 대화를 나눈 박지원은 깜짝 놀랐습니다. 홍대용은 백과사전 같은 선비였어요. 당시 선비들이 잘 모르던 과학, 음악 분야 지식도 풍부했지요.

박지원이 물었습니다.

"여러 분야 지식을 두루 꿰뚫고 계시다니! 비결이 궁금합니다."

"책을 많이 읽은 덕분이죠."

"책 읽는 선비야 많지만, 선생처럼 배운 내용을 막힘없이 설명해 주는 분은 드뭅니다. 머리가 아주 좋으신가 봅니다."

"하하! 아닙니다. 다만, 책을 읽을 때 내용을 다 이해하려는 습관이 배어서 그럴 겁니다."

"이해하며 읽는다… 저도 꼭 그래야겠군요."

홍대용도 박지원과 얘기하며 그가 남다른 선비란 걸 알았습니다. 박지원도 홍대용 못지않게 지식이 풍부했고 생각이 깊었습니다. 또 정직한 사람이었습니다.

홍대용이 한성에 살게 되면서 두 사람의 우정은 깊어졌습니다. 두 사람이 만나 이야기를 시작하면 시간 가는 줄도 몰랐지요. 며칠 동안 즐겁게 이야기하기도 했어요.

문학, 경제, 과학, 음악 등 나눌 이야기는 넘쳤답니다. 박지원이 모르는 것을 홍대용이 가르쳐 주기도 했고, 박지원이 홍대용에게 자기가 아는 걸 가르쳐 주기도 했지요. 친구이자, 스승과 제자 같은 사이가 된 것입니다.

## 집에 없어서 미안했습니다

어느 날 홍대용이 말했습니다.
"왜 낮과 밤이 번갈아 오는지 아십니까?"
박지원이 더듬거리며 말했어요.
"그야… 뭐, 자연의 이치가 그러하니까…"
"정확한 이유를 알려 드리죠. 우리가 사는 땅덩어리가 하루에 한 바퀴씩 돌기 때문입니다."
"이 넓은 천지가 돌고 있다고요?"
"예, 도는 속도는 포탄이 날아가는 것보다 빠르지요."
"그토록 빨리 도는데 왜 그걸 느끼지 못하는 겁니까?"
"땅이 빨리 돌아 하늘의 기운과 부딪히면 땅에 어떤 힘이 모이게 됩니다. 이 힘이 사람과 세상 만물을 땅바닥에 붙들어 맵니다. 이 때문에 땅이 도는 걸 느끼지 못하는 것이지요."

지구가 하루에 한 바퀴 도는 현상을 '자전'이라고 합니다. 자

전 현상은 요즘은 상식이지만, 조선 시대엔 아는 사람이 없었어요. '하늘은 둥글고 땅은 네모나다'고 생각하였거든요.

또 우리가 지구의 회전을 느끼지 못하는 것은 중력이 작용하

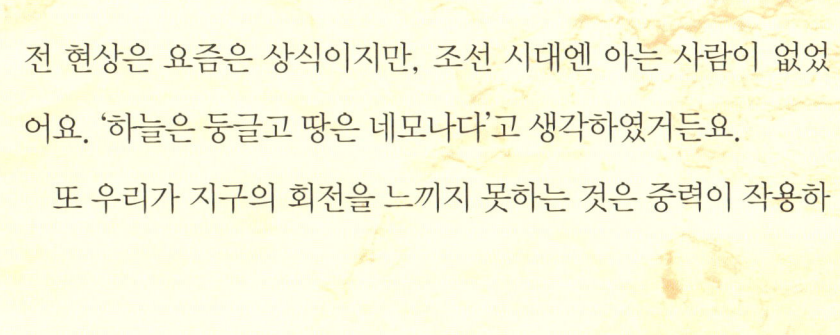

기 때문인데, 홍대용이 말한 '땅에 모이는 힘'은 중력을 설명한 것이었습니다.

홍대용이 누구보다 빨리 이 사실을 깨달은 것은 젊은 시절부터 하늘을 관찰하고, 책을 읽으면서 연구했기 때문이었답니다.

누구에게나 친구는 소중한 사람입니다. 소중한 사람이기 때문에 가장 존중해야 하는 사람이기도 합니다.

홍대용과 박지원은 가장 친하면서도 또 서로를 가장 존중하는 사이였어요.

어느 달 밝은 밤이었습니다.

'마음 맞는 벗과 밤새워 이야기를 나누기에 좋은 날이구나.'

이렇게 생각한 홍대용이 박지원의 집을 방문했습니다. 하지만 박지원은 다른 일이 있어 집에 없었습니다.

홍대용이 박지원을 만나지 못하고 돌아간 후, 박지원이 일을 마치고 집에 돌아왔습니다. 홍대용이 다녀간 사실을 들은 박지원은 홍대용에게 이런 편지를 보냈습니다.

'너무나 미안합니다. 이제부턴 오늘처럼 달 밝은 밤이면 당분간 감히 밖으로 나가지 않겠습니다.'

사전에 만날 약속을 하지 않았기 때문에 박지원이 잘못한 건 없었습니다. 그럼에도 박지원이 미안해한 걸 보면, 그가 홍대용을 얼마나 소중하게 생각했는지 알 수 있습니다.

두 사람은 공통점도 많았답니다.

둘 다 양반 집안의 후손이었지만 재산이 없어 가난하게 살았습니다.

출세를 하겠다는 욕심이 없다는 것도 닮은 점이었어요.

조선 시대 선비들이 출세하려면 과거에 합격해야 했습니다. 합격 후 벼슬살이를 하면서 왕에게 잘 보이고 또 일에서 능력을 발휘해야 했지요.

박지원은 과거 1차 시험에 1등으로 합격했지만, 최종 합격자를 뽑는 2차 시험에는 아예 응시하지 않았습니다.

박지원은 솔직하고 꼿꼿한 사람이었습니다. 벼슬을 할 경우 위선적인 신하, 약삭빠른 신하들도 많이 보아야 하는데, 그들을 참아낼 자신이 없어 과거를 포기했습니다.

홍대용은 관심 있는 분야가 다양해서 과거에 합격하지 못했습니다. 몇 번 과거에 떨어진 그는 과거에 대한 미련을 버렸답니다.

과거에 합격하지 않았는데도 두 사람은 한성에서 유명한 선비가 되었어요. 박지원은 글을 잘 써서 유명했고, 홍대용은 백과사전 같은 지식 때문에 유명했지요. 두 사람을 존경하고 따르는 젊은 선비들은 시간이 갈수록 늘어났습니다.

1765년 홍대용은 청나라를 여행하고 돌아왔습니다. 홍대용의 작은아버지가 청나라에 보내는 사신으로 임명되었을 때, 사신 일행에 들어가서 여행을 한 겁니다.

홍대용이 돌아왔다는 소식에 박지원은 당장 그의 집을 찾았어요.

"오셨군요! 얼마나 보고 싶었는지 모릅니다."

홍대용이 환하게 웃으며 청나라에서 보고 들은 것을 말해 주었어요.

당시 조선 선비들은 청나라를 문화수준이 떨어지는 나라로 깔보았어요. 홍대용의 생각은 달랐습니다.

"청나라에는 조선이 배울 좋은 제도가 많더군요."

여행 이야기를 하던 홍대용은 이런 말도 했습니다.

"이번 여행에서 좋은 벗을 사귄 것도 큰 보람이었습니다. 청나라에도 그대처럼 지혜롭고 마음이 맑은 선비가 많더이다."

"말도 안 통했을 터인데 어떻게?"

## 얼룩소를 보내준 친구

홍대용이 말했어요.

"필담을 하였지요."

필담이란 말이 아니라 글자로 의사소통을 하는 것입니다. 당시 두 나라 선비들은 모두 한자를 사용했기 때문에, 한자로 필담을 할 수 있었답니다.

"청나라 선비들을 벗으로 사귀면서 짧게 만나도 마음이 통하면 벗이 될 수 있음을 알았습니다. 헤어질 때 눈물이 나기까지 했습니다."

홍대용에게 청나라 여행 이야기를 들은 박지원은 결심했습니다.

'나도 언젠가 청나라에 가서 견문을 넓히고 싶구나.'

박지원의 꿈은 1780년에 이루어졌습니다. 그해에 박지원은 사신에 뽑힌 친척 형을 따라 청나라에 갔고, 자신이 보고 느낀 것을 《열하일기》란 책으로 정리했답니다.

벼슬이 없던 두 사람은 가난했습니다. 하지만 가난 때문에 불행하다고 생각하지는 않았어요.

그런데 홍대용은 일흔 살이 된 어머니께 쌀도 제대로 사 드릴 수 없을 만큼 가난한 상황이 되자, 어쩔 수 없이 벼슬살이를 하게 되었습니다.

조선 시대엔 높은 벼슬을 한 사람의 후손에게 과거에 합격하지 않아도 낮은 벼슬을 주는 제도가 있었습니다. 홍대용은 이

제도를 통해 낮은 계급의 벼슬자리를 얻어, 어머니를 굶기지 않게 되었습니다.

　홍대용이 벼슬살이를 할 때도 박지원은 여전히 가난하게 살았습니다.

　홍대용이 경상도에 있는 영주 지방의 군수로 일할 때, 박지원은 잠시 한성을 떠나 황해도의 연암이라는 산골 마을에서 살게 되었습니다.

어느 날, 연암 골짜기에 홍대용이 보낸 사람이 찾아와 말했습니다.

"홍대용 나리께서 보낸 것들이옵니다."

홍대용이 보낸 것은 얼룩소 두 마리, 농기구 다섯 가지, 공책 스무 권, 돈 2백 냥이었어요.

홍대용은 편지도 함께 보냈습니다.

편지에는 이런 내용이 적혀 있었습니다.

산골 마을에서 먹고 사시려면 밭을 일구셔야 하겠지요. 농기구와 소가 보탬이 되었으면 합니다. 공책도 함께 보냅니다. 시간 나실 때 좋은 책을 쓰셔야 하지 않겠습니까.

박지원도 홍대용에게 여러 번 편지를 보냈는데, 그 중엔 우정에 대한 생각을 적은 편지도 있습니다.

명성을 얻기 위해 어떤 사람을 벗으로 삼으려는 사람도 있습니다.

권력을 얻기 위해 힘 있는 사람에게 접근하여 벗이 되려는 사람도 있습니다.

경제적 이익을 위해 벗을 사귀는 경우도 보았습니다.

명성, 권력, 돈을 목적으로 사람을 사귀는 것은 참된 우정이 아니라고 생각합니다.

그래도 저에겐 홍대용 님과 같은 참된 벗이 있으니 얼마나 좋은지 모르겠습니다.

이처럼 두 사람은 명성, 권력, 돈 같은 조건을 보지 않고 평생 아름다운 우정을 나누었습니다.

그런데 두 사람에 이별의 순간이 닥쳤습니다.

1783년 한 통의 편지가 박지원에게 도착했습니다. 홍대용의 죽음을 알리는 편지였어요. 이때 박지원은 연암 골짜기에서 한성으로 돌아와 살고 있었어요.

편지를 읽자마자 박지원은 홍대용의 집이 있는 지방에 내려갔어요.

죽은 홍대용을 보고 박지원은 통곡했습니다. 눈물이 흐르고 또 흘렀습니다.

박지원은 홍대용의 가족을 도와 처음부터 끝까지 장례식을 돌보아 주었답니다. 또 홍대용이 살아 있을 때 편지를 주고받았던 청나라 선비들에게도 부고 어떤 사람이 죽은 것을 알리는 글를 보내 주었습니다.

박지원은 홍대용이 죽은 후에도 그를 잊지 못했습니다.

한성 박지원의 집에는 거문고 등 여러 악기가 있었습니다. 벗들과 악기를 연주하고 감상하는 것은 박지원의 큰 즐거움이었지요.

홍대용이 죽은 후에는 박지원의 집에서 음악 소리가 나지 않았습니다. 홍대용이 생각나서 음악을 감상할 마음이 들지 않았기 때문입니다.

### 홍대용(1731년~1783년)

**업적**

조선 시대에 선비들은 대부분 과학기술을 중요하게 생각하지 않았어요. 홍대용은 과학기술이 부강한 나라를 만드는 데 중요함을 깨닫고 과학을 연구하고 또 자신의 지식을 알리는 데 노력하였어요. 그의 사상은 젊은 선비들에게 큰 영향을 주었답니다.

**지전설을 알아낸 홍대용**

홍대용이 살던 시대에 사람들은 지구는 네모난 것이라고 생각했어요. 홍대용은 어린 시절부터 과학 공부를 열심히 하여, 둥근 지구가 하루에 한 번 돈다는 사실을 발견하였는데, 이것을 지전설이라고 합니다.

### 박지원(1737년~1805년)

**업적**

박지원은 젊은 시절부터 많은 글을 썼는데, 그가 쓴 글은 문장이 아름답고 깊은 사상이 담겨 있었답니다. 또 그는 경제, 농업 등 여러 분야에서 조선이 발전할 수 있는 방법들을 제안하고 또 실천하는 삶을 살았답니다.

**조선 최고의 여행책 《열하일기》**

1780년 청나라를 여행한 후 보고 느낀 것을 정리한 박지원은 《열하일기》를 썼습니다. 이 책에서 그는 청나라의 좋은 제도를 소개하면서 조선이 이것들을 받아들일 필요가 있다고 주장했어요. 그는 이 책에 자기가 쓴 빼어난 문학 작품도 실었어요.

## 생각해 볼까요?

좋은 친구는 때로는 선생님이 되기도 합니다. 친구를 통해서 새로운 지식, 생각을 배울 수 있기 때문이지요. 또 친구의 좋은 습관이나 올바른 행동에서도 배울 것이 있습니다. 홍대용과 박지원도 자신들의 지식, 사상을 서로에게 가르쳐 주면서 우정을 쌓아 나갔어요. 덕분에 우정은 더 깊어지고, 서로를 존경하는 마음도 커졌답니다.

## 한 눈에 쏙 들어오는 역사 지식 ⑧

# 조선 후기 10대 사건

**사건 1** **탕평책 실시**(1725년)

조선 후기는 제21대 왕인 영조가 즉위한 1724년부터, 조선이 망한 1910년까지를 말해요. 영조는 왕이 된 후 당쟁을 없애기 위해 각 당파의 인재를 골고루 선발하여 나라 일을 맡기는 정책을 폈어요. 이 정책을 탕평책이라고 합니다.

**사건 2** **〈규장각〉 설치**(1776년)

영조의 손자로 조선의 제22대 왕이 된 정조는 궁궐 안에 도서관 겸 학문 연구기관인 〈규장각〉을 설치하였어요. 정조 때에 조선의 학문은 발전하였어요.

**사건 3** **세도정치가 시작됨**(1805년)

세도정치는 왕의 신임을 얻은 신하 또는 친척 집안이 큰 권력을 잡고 나라를 다스리는 것을 말해요. 세도정치는 1863년까지 이어졌고, 이로 인해 조선은 크게 약해졌어요.

**사건 4** **천주교의 전파**(1784년~)

1784년 조선의 선비 이승훈이 처음으로 천주교 세례를 받았어요. 이때부터 천주교는 조선에 널리 전파되었습니다.

**사건 5** **평안도에서 민란이 일어남**(1811년)

백성들이 정부에 맞서 일으키는 반란을 민란이라고 해요. 세도정치로 정치가 혼란해지고 백성들이 먹고살기 힘들어지면서 조선 곳곳에서 민란이 일어났어요. 이 중 가장 큰 사건이 평안도 지역에서 홍경래라는 사람이 지도자가 되어 일으킨 민란이었답니다.

**규장각**_ 창덕궁 후원의 규장각 전경을 그린 그림이에요. 이 그림은 김홍도가 그렸어요.

**데니 태극기**_ 고종의 외교 고문을 지낸 미국인 데니가 미국으로 돌아갈 때 가져갔던 태극기예요. 현재 우리나라에 남아 있는 태극기 중 가장 오래된 것으로 추정되고 있어요.

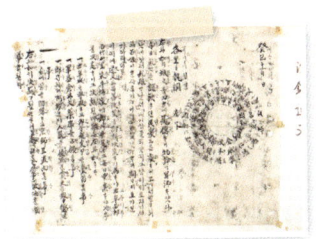

사발통문_ 동학농민운동 당시 주모자가 드러나지 않도록 사발을 엎어 그린 원에 참가자의 명단을 돌려 적은 통문이에요.

척화비_ 조선 정부가 외국에게 개방을 하지 않겠다는 뜻을 분명히 표시하기 위해 전국 곳곳에 세운 비석으로, 이 비석을 척화비라고 해요.

### 사건6  일본과 '강화도 조약' 맺음(1876년)

조선은 오랫동안 외국에 항구를 개방하지 않는 정책을 폈습니다. 그러나 갈수록 나라 힘이 약해지는 바람에 외국의 압력에 밀려 이 정책을 포기해야 했어요. 조선이 가장 먼저 개방 조약을 맺은 나라는 일본으로, 이 조약을 '강화도 조약'이라고 해요.

### 사건7  갑신정변이 일어남(1884년)

갑신정변은 갑신년에 일어난 정변(큰 정치사건)을 말해요. 김옥균 등 몇몇 선비는 조선을 변화시킬 개혁이 필요하다고 생각하여, 반란을 일으켰어요. 하지만 조선 정부는 3일 만에 반란 세력을 물리쳤어요.

### 사건8  동학농민운동 일어남(1894년)

조선의 정치가 타락하고 또 외국 세력이 조선을 넘보자 여기에 항의해 전라도 지역에서 동학이라는 종교를 믿는 신자들이 중심이 되어 나라를 구하려는 운동을 일으켰어요. 이것을 동학농민운동이라고 합니다.

### 사건9  고종이 일본의 압력에 밀려 왕에서 물러남 (1907년)

일본은 1905년 조선과 을사늑약을 체결하여 조선의 외교 권리를 빼앗았어요. 그리고 1907년 조선의 왕 고종에게 압력을 넣어 왕 자리에서 물러나게 했고, 고종의 아들인 순종이 왕이 되었어요. 순종은 결국 조선의 마지막 왕이 됩니다.

### 사건10  조선이 망함(1910년)

무능한 왕과 신하들 때문에 나라의 힘이 크게 약해진 조선은 1910년 일본의 식민지가 되고 말았어요. 이로써 1392년부터 500년이 넘는 역사를 이어온 조선은 망하고 말았어요.

제 9 장

개성 있는
명작을 남긴
조선의 화가 짝꿍

# 김홍도
# &
# 신윤복

두 사람은 〈도화서〉에서 일한 선배, 후배 화가였어요.
〈도화서〉는 궁궐에서 왕의 초상화, 궁궐 행사 등을
그리는 화가들이 일하는 관청이었지요.
김홍도와 신윤복이 친한 사이였다는 역사 기록은 없지만,
대화를 나눈 적은 있었을 것입니다.
다음 페이지에 나오는 이야기는 그런 상황을 상상하여 쓴 글입니다.

## 눈물로 그린 그림

어린 김홍도는 그림을 그릴 땐 시간 가는 줄도 몰랐습니다. 그런 김홍도를 보고 아버지가 말했어요.

"너를 보니 이징의 이야기가 생각나는구나."

"이징이 누군데요?"

"선조 임금 때 태어난 유명한 화가란다. 이징 이야기를 들려주마. 어느 날 어린 이징은 다락에 올라가 그림을 그렸어. 그리기에 몰두하느라 시간이 가는 줄도 몰랐어. 밤이 되어 아버지가 이징을 찾았는데, 아무도 어디 있는지 몰랐지. 한참 시간이 지나 다락에서 그림 그리던 이징을 발견했어. 아버지는 화가 나서 이징의 종아리를 때렸대. 이징은 아파서 눈물을 흘렸겠지?"

"그럼요. 매 맞고 안 아픈 사람이 어디 있어요."

"그런데 이징의 아버지는 아들이 눈물을 흘리면서 하는 행동을 보고 놀라고 말았어."

"울면서 뭘 했는데요?"

"떨어진 눈물을 손가락으로 끌어모아 새를 그리더래. 이징이 얼마나 그림에 빠졌는지 알 수 있지?"

김홍도는 이징의 행동이 이해가 되었습니다. 자기도 그림 그리기에 푹 빠져 있었거든요. 손으로 땅에 그림을 그린 적도 많았습니다.

이야기를 들은 후 김홍도는 결심했어요. 이징처럼 열정적인 화가가 되겠다고 말이에요.

김홍도의 솜씨는 날이 갈수록 좋아졌어요. 김홍도의 집안은 양반 집안이었지만 할아버지, 아버지가 벼슬을 하지 않아 가난했어요. 김홍도의 아버지는 아들의 꿈을 키워 주기 위해 강세황이라는 유명한 화가에게 아들을 데려갔습니다.

강세황은 김홍도가 그린 그림을 보더니 당장 그를 제자로 받아주었어요. 김홍도에게 재능이 있다는 걸 한눈에 알아보았지요.

김홍도가 강세황에게 그림을 배우던 1758년 〈도화서〉 화원인 신한평의 집에서 한 아이가 태어났습니다. 신윤복이었어요.

신한평은 아들을 자기처럼 화가로 키우고 싶었어요. 문제는 재능이었어요.

신윤복이 소년이 되었을 때 아버지는 신윤복의 그림을 보고는 더 이상 걱정하지 않았어요. 아들에겐 아버지를 뛰어넘을 만한 재능이 있었기 때문입니다.

1760년대 어느 날, 강세황이 〈도화서〉를 방문했습니다. 그가 〈도화서〉에서 가장 높은 사람인 예조 판서에게 김홍도를 손짓하며 말했습니다.

"이 아이를 도화서 화원으로 받아 주십시오."

"그림 좀 그릴 줄 안다고 〈도화서〉 화원으로 뽑을 수 없다는 건 잘 아시지요? 저 아이의 솜씨를 확인해야겠습니다."

"하하! 좋습니다."

예조 판서가 김홍도에게 말했어요.

"대나무를 그려 보아라!"

## 젊은 화가의 고민

김홍도는 주저 없이 대나무를 그려 나가기 시작했습니다. 하얀 종이에 대나무 가지와 잎이 그려지는 동안 예조 판서의 입이 쩍 벌어졌어요. 힘차게 뻗은 대나무 줄기에 잎을 그려 나가는 솜씨가 보통이 아니었기 때문입니다.

김홍도가 그림을 다 그리자 예조 판서가 활짝 웃으며 강세황에게 말했습니다.

"어린 나이에 이처럼 신통한 그림을 그리다니! 합격입니다."

이로써 소년 김홍도는 당당히 〈도화서〉의 화원이 되었어요.

〈도화서〉 화원이 되어도 김홍도는 노력을 멈추지 않았습니다.

〈도화서〉 선배 화원 중엔 김홍도보다 솜씨 좋은 사람이 많았거든요. 또 이징 같은 유명 화가의 작품과 비교하면 김홍도 자신의 작품은 아직 보잘 것 없다고 생각했습니다.

1773년 예조 판서가 김홍도에게 명령을 내렸습니다.

"김홍도! 전하의 초상화를 그리는 작업에 참여하여라!"

왕의 초상화는 도화서 화원들이 가장 영광스럽게 생각하는 그림으로, 최고 실력의 화원들이 협동 작업으로 그렸습니다.

김홍도는 젊은 나이에 선배 화가들과 함께 당시 조선을 다스리던 영조 임금의 초상화를 그리는 영광을 누렸습니다.

김홍도는 이징 못지않은 열정적인 화가였습니다.

영조에 이어 정조가 왕이 된 후의 일입니다. 정조가 김홍도에게 궁궐의 빈 벽에 신선 그림을 그리라는 명령을 내렸습니다.

왕의 명령을 듣자마자 김홍도는 겉옷을 벗고 궁궐 안 우물에서 물을 한 동이 지고 왔습니다. 그러고는 열심히 먹을 갈아 몇 되나 되는 먹물을 만들었습니다. 준비를 마치고 나서야 붓을 들고 벽을 신선들의 얼굴로 채워나갔어요. 쉬지 않고 그린 덕분에 빨리 그림을 완성할 수 있었지요.

그림을 본 정조 임금이 칭찬했습니다.

"신선을 그리는 홍도의 솜씨도 신선의 솜씨로구나."

실력을 인정받은 김홍도는 정조가 가장 아끼는 화가가 되었습니다.


이 무렵 젊은 화가 한 명이 〈도화서〉의 새 화원이 됩니다. 신윤복이었어요.

〈도화서〉 화원이 되기 전부터 신윤복은 김홍도의 이름을 알고 있었어요. 자신도 김홍도같이 왕의 사랑을 받는 화원이 되겠다는 꿈도 꾸었지요.

화원이 된 후 김홍도와 신윤복은 인사를 나누었어요. 신윤복은 조선 최고의 화가를 만났다는 사실에 설레었습니다. 김홍도

도 미래가 기대되는 젊은 화원을 만난 것이 즐거웠습니다.

　김홍도가 그랬던 것처럼, 신윤복도 〈도화서〉에서 두각을 나타냈어요. 김홍도는 신윤복의 그림을 보면서 생각했지요.

'신윤복은 천재다. 그의 그림은 후세에 길이 남아 사람들이 기쁜 마음으로 감상하게 될 것이다.'

그런데 도화서에서 마주치는 신윤복이 언제부턴지 달라졌습니다. 미래에 대한 꿈으로 부푼 표정은 보기 힘들고, 혼자 우두커니 생각하는 시간이 많은 사람으로 변한 겁니다.

하루는 김홍도가 물었습니다.

"자네, 생각이 많은 모양이로군."

주저하던 신윤복이 말했어요.

"〈도화서〉 생활이 적성에 맞지 않아 그러하옵니다."

"맞지 않다? 그렇다면 자네가 그리고 싶은 그림이 따로 있다는 뜻인가?"

"그러하옵니다."

"어떤 그림인가?"

"사람의 그림이옵니다. 사람의 얼굴에 깃든 즐거움과 슬픔을 그리고 싶사옵니다."

김홍도가 껄껄 웃으며 말했어요.

"그래? …사실 나도 그러하다네."

김홍도의 말에 신윤복의 눈이 커졌습니다.

## 사람은 언제 행복할까?

도화서의 화원들도 인물 그림을 그렸습니다. 왕의 초상화도 그렸고, 궁궐 행사 그림을 그릴 때 여러 인물 그림도 그렸지요. 하지만 궁에서 그리는 그림은 엄격한 형식이 있어서 화가의 개성을 표현하는 데 한계가 있었어요.

〈도화서〉 화원들은 풍경화, 꽃과 나무를 소재로 하는 정물화를 그리기도 했는데 이 역시 예로부터 내려오는 전통에 따라 그렸습니다.

김홍도 역시 〈도화서〉에서 일하면서 색다른 그림을 그리고 싶다는 생각을 하고 있었습니다. 그가 관심이 있었던 것은 백성들의 생활 모습이었습니다.

김홍도는 신윤복의 고민이 이해되었습니다. 또 한편으론 대견했습니다. 신윤복이 자신의 작품 세계에 대해 진지하게 고민하고 있다는 것이 기특했던 것입니다.

김홍도가 신윤복에게 말했습니다.

"자네, 사람이 언제 행복한 줄 아나?"

"언제이옵니까?"

"자기가 하고 싶은 일을 할 때라네. 자기가 하고 싶은 일에 재능까지 있다면 더 행복하지. 자네가 그리고 싶은 걸 그리게. 나 또한 그럴 거야."

두 사람의 대화는 훗날 현실이 되었어요.

〈도화서〉에서 일하면서 김홍도는 그림 그린 공을 인정받아

충청도의 연풍 지방을 다스리는 현감이 되었어요.

이 무렵 김홍도는 새로운 그림 세계에 도전했어요. 백성들이 살아가는 모습을 소재로 그림을 그린 것입니다.

신윤복도 꿈을 이루었습니다. 그는 〈도화서〉 화원 일을 그만

두었습니다. 그리고 집에서 그림을 그려서 파는 화가 생활을 시작했어요.

신윤복은 그가 바라던 대로 인물 그림을 많이 그렸습니다. 특히 아름다운 여인들이 등장하는 그림을 즐겨 그렸답니다. 인물 그림 외에도 양반과 기생들의 잔치 장면 등 당시 사람들의 생활 모습도 그렸습니다.

이처럼 두 사람은 인생에 비슷한 발자취를 남겼어요. 자기가 그리고 싶은 그림에 도전한 것입니다.

좋은 예술작품은 오랜 세월 동안 사랑을 받습니다. 김홍도와 신윤복의 작품도 오늘날까지 사랑받고 있답니다.

### 김홍도 (1745년 ~ 1806년)

#### 업적
조선 후기 최고의 화가였던 김홍도는 젊었을 때는 궁궐에서 근무하며 왕의 초상화, 금강산 풍경 등 많은 그림을 그렸어요. 왕의 초상화를 잘 그린 공로를 인정받아, 화가로서는 드물게 지방을 다스리는 벼슬을 받기도 했답니다.

#### 풍속화의 대가
김홍도는 나이가 든 후엔 백성들의 생활 모습을 소재로 한 그림인 풍속화를 많이 그렸답니다. 그의 풍속화 중 〈씨름도〉〈대장간〉〈서당〉 같은 작품이 유명해요.

### 신윤복 (1758년~죽은 연도는 확실하지 않아요)

#### 업적
신윤복은 당시 화가들이 잘 그리지 않았던 아름다운 여인들을 소재로 한 그림을 많이 그렸어요. 그의 남다른 작품 때문에 조선의 미술은 더 다채로워졌습니다.

#### 아버지에 이어 화가가 된 신윤복
조선 시대 의사, 통역사, 화가 같은 직업은 대를 이어서 종사하는 경우가 많았습니다. 이때 아들이 공짜로 직업을 물려받진 않았습니다. 나라에서 치르는 자격시험을 통과해야 했지요. 신윤복의 아버지도 화가였답니다.

## 생각해 볼까요?

김홍도와 신윤복은 친한 사이는 아니었습니다. 그럼에도 두 사람을 짝꿍으로 묶은 것은 화가로서 자기만의 작품 세계를 추구했다는 공통점이 있고, 또 그런 노력 덕분에 조선을 대표하는 화가가 되었기 때문입니다. 나와 잘 모르는 사람이라 하더라도 같은 분야에서 일하는 사람은 그 분야의 짝꿍이 될 수 있습니다. 이런 사람은 때로는 좋은 경쟁 상대가 되기도 합니다. 좋은 경쟁 상대가 있으면 그 사람에 뒤지지 않기 위해 더 열심히 해야겠다는 마음이 생길 수 있어요. 좋은 경쟁자가 자기를 발전시켜 주는 효과가 있는 것이지요.

# 조선 시대 문화와 예술

### ★문학

조선의 문학은 한글문학과 한자문학으로 나눌 수 있어요. 한글문학은 세종대왕 때 만들어진 한글로 표현한 문학을 말합니다. 한자문학은 중국에서 전해진 문자인 한자로 표현한 문학이죠.

조선 시대에 공부를 많이 한 선비들은 주로 한자를 이용해 시, 수필, 소설을 썼답니다. 글쓰기를 좋아하는 선비들은 자기가 쓴 글을 모은 책인 문집을 만들기도 하였어요. 한자로 표현한 시를 한시(漢詩)라고 하는데, 많은 한시들이 지금도 전해오고 있어요. 한자로 쓴 최초의 소설은 김시습이라는 선비가 쓴 《금오신화》입니다.

조선의 한글문학은 한자문학과 비교하면 크게 발달하진 않았어요. 한글로 된 최초의 소설은 조선 중기에 허균이라는 사람이 쓴 《홍길동전》입니다. 조선 후기가 되면서 사람들 사이엔 한글로 쓴 소설이 유행하기 시작했답니다. 대표적인 작품이 《장화홍련전》《심청전》《흥부전》입니다.

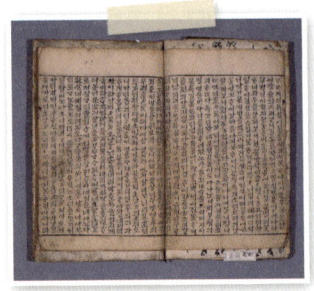

**홍길동전_** 서자로 태어난 길동이 활빈당을 조직해 탐관오리들의 재물을 탈취해 굶주린 백성에게 돌려주는 내용이에요. 길동은 '율도국'이라는 나라를 세우고 왕이 되어요.

### ★미술

조선 시대에는 요즘으로 치면 화가인 화원(畫員)들 외에도 양반 중에서 취미로 그림을 그리는 사람이 많았답니다.

조선의 미술을 빛낸 전문 화가에는 안견, 강희안, 정선, 김홍도, 신윤복, 장승업 같은 사람이 있어요. 여성 화가로 유명한 사람에는 신사임당이 있는데, 신사임당의 얼굴과 그림은 현재 5만 원짜리 종이돈에서 볼 수 있답니다.

조선의 미술 중에는 서예도 있어요. 조선 시대엔 서예를 전문으로 하는 사람도 있었고, 양반들도 서예 연습을 많이 하

**신사임당의 초충도_** 초충도는 풀과 벌레를 그린 그림을 말해요. 신사임당의 그림은 고운 채색과 섬세한 묘사로 유명해요.

백자 청화 꽃 무늬 조롱박 모양 병

였기 때문에 명필(글씨를 잘 쓰는 사람)이 많았답니다. 조선의 서예가 중에는 한석봉, 김정희가 특히 유명합니다.

조선의 미술에는 공예도 있습니다. 공예는 도자기, 가구, 장신구 등을 만드는 것입니다. 조선의 도자기 중에서 특히 유명한 것은 백자(白瓷)입니다. 백자는 조선에 와서 유행한 도자기로, 순백색의 바탕흙 위에 투명한 유약을 발라 구워 만든 자기를 말해요.

★ 음악

조선의 음악은 다양했어요. 궁궐에서 큰 행사를 열 때 연주하는 아악이 있었고, 선비들이 즐겨 불렀던 가사, 가곡, 시조창 같은 음악도 있었어요. 또 백성들 사이에 널리 유행한 민요도 있었답니다.

이 중 가장 다양하고, 지금도 많이 전해오고 있는 음악은 민요입니다. 민요는 사람들의 입에서 입으로 전해진 노래들이 대부분인데, 민요 중에서 가장 많은 것은 일을 할 때 사람들이 함께 부르는 노래였습니다.

조선 후기가 되면 판소리와 산조 음악도 유행합니다. 판소리는 한 사람의 소리꾼이 북소리 장단에 맞춰 재미난 이야기를 소리로 표현하는 음악이에요. 대표적인 판소리 작품에는 〈춘향가〉〈심청가〉〈흥보가〉〈수궁가〉가 있습니다. 산조음악은 가야금 등 어떤 악기를 혼자서 연주하는 음악을 말합니다.

자리짜기, 《단원 풍속도첩》_ 김홍도의 작품으로, 실을 뽑고 자리를 만드는 모습을 묘사한 풍속화입니다.

**제 10 장**

나라와 민족을 위해
헌신한
독립운동가 짝꿍

# 김구
# &
# 안중근

김구는 청년 시절에 안중근 아버지의 도움을 받은 적이 있습니다.
이때 소년이었던 안중근을 만났어요.
1919년 대한민국 임시정부가 만들어진 후 김구는 당시 중국에 살던
안중근의 가족을 많이 도와주었어요.
안중근의 두 동생도 독립운동에 열심히 참여하였답니다.

## 두 위인의 운명적인 만남

1800년 조선을 잘 다스린 정조 왕이 죽었습니다. 이때부터 조선은 점점 약해졌어요. 훌륭한 왕이 나타나지 않았고, 세도 정치로 정치가 혼란에 빠진 게 큰 원인이었어요.

그로부터 약 100년이 지났을 때 조선은 힘이 쭉 빠진 나라가 되었습니다. 이 틈을 타 청나라, 러시아, 일본 등 주변 나라들이 조선을 넘보기 시작했어요. 이 중 가장 위협적인 나라는 일본이었어요.

1894년 조선의 백성들은 부패한 조선 관리들을 몰아내고, 외국의 침략으로부터 나라를 지키기 위한 운동을 일으켰어요. 우리나라에서 생긴 동학이라는 종교를 믿는 신자들이 중심이 되어 일으킨 운동이라서, 이것을 동학농민운동이라고 합니다.

동학농민운동이 처음 일어난 곳은 전라도 지방이었어요. 이

운동은 곧 다른 지방으로 퍼졌고, 전국 곳곳에 농민 부대가 만들어졌답니다.

오늘날 북한에 있는 지역인 황해도에서도 많은 사람이 농민

군에 참여했는데, 그중엔 열아홉 살의 청년 김구도 있었답니다. 어린 나이임에도 용기와 지도력이 있었던 김구는 동학농민군의 지휘자가 되었어요.

조선 정부는 일본의 지원을 받아 농민군을 공격하였어요. 김구가 지휘하던 부대도 정부군의 공격을 받아 전투에서 지고 말았답니다.

김구는 쫓기는 신세가 되었습니다.

"잠시 몸을 피하는 게 좋을 것 같소."

동학군 동료가 김구에게 말했습니다.

"몸을 피할 마땅한 장소가 있을까요?"

"황해도 신천 지방에 청계동이란 마을이 있습니다. 그곳에 사는 안태훈이라는 양반이 자기 집에 와서 머물라는 연락을 해 왔습니다."

김구는 안태훈의 제안을 받아들였어요.

안태훈은 동학농민운동이 일어났을 때 정부 편에 서서 동학농민 군대와 싸운 사람이었습니다. 그런 그가 김구를 보호해 주겠다고 생각한 것은 김구가 조선의 미래에 꼭 필요한 용기있는 청년이라고 생각했기 때문이었어요. 동학농민운동에 대한 생각은 달랐지만, 나라를 위하는 마음은 같았던 것입니다.

안태훈은 청계동에 도착한 김구를 반갑게 맞아주었습니다. 그는 자기 가족들을 소개했어요. 그 중엔 안태훈의 큰 아들인 안중근도 있었어요.

김구와 안중근, 독립운동 역사에 길이 빛나는 두 위인은 운명적으로 만나게 되었습니다.

## 이대로는 안 된다!

김구를 만났을 때 안중근은 열여섯 살이었어요. 김구는 안중근이 보통 소년이 아님을 한눈에 알아보았습니다.

안중근은 성격이 활달하고 용감했어요. 안중근은 사냥을 즐겨해서 총을 들고 자주 마을 사람들과 산을 누볐습니다. 사격 솜씨가 좋아서 사냥에서 돌아올 때마다 사슴, 새 같은 것을 잡아 왔지요.

청계동에 머무는 동안 김구는 안중근과 친해지지는 못했습니다. 김구가 고능선이라는 학자에게 공부를 배우느라 안중근과 얘기를 나눌 시간이 별로 없었거든요.

하루는 고능선이 김구에게 말했습니다.

"조선이 망할 위기에 빠졌는데, 많이 배우고 힘 있는 선비들이 탄식만 하고 있으니 얼마나 한심한 일인가?"

김구가 물었습니다.

"어떻게 하는 것이 옳사옵니까?"

"대의를 실천해야지."

대의란 사람으로서 마땅히 지키고 실천해야 하는 큰 도리를 말합니다.

고능선이 말했습니다.

"이 나라 백성이 저마다 대의를 실천한다면 망해가는 나라를 구할 수 있네."

고능선의 이런 가르침은 김구에게 큰 영향을 주었어요. 김구는 자신이 동학농민운동에 참여한 것도 대의를 실천한 것이라고 생각했습니다. 하지만 한 번 실천하였다고 만족해선 안 된다고 생각했습니다.

김구는 결심했어요.

'일본을 조선 땅에서 몰아낼 때까지 나의 모든 것을 바치리라!'

몇 개월 청계동에 머물렀던 김구는 만주에 있는 의병부대에 참여하여 일본에 맞서 싸우기로 결심했어요.

청계동을 떠나기 전 김구가 안태훈에게 인사를 했습니다.

"보호해 주신 은혜를 잊지 않겠습니다."

김구는 안태훈에게 한 이 약속을 훗날 끝까지 지킨답니다.

청계동을 떠난 후부터 김구는 만주와 조선 땅 곳곳을 오가며 독립운동에 참여했어요. 이때부터 김구의 시련도 시작되었어요. 독립운동에 앞장서면서 일본의 감시, 추격을 받는 처지가 되었고, 일본 경찰에게 잡혀 감옥살이를 하기도 했답니다.

이 무렵 사냥을 좋아하던 소년 안중근에게도 변화가 찾아왔어요. 점점 일본의 만행이 심해지고 조선이 죽기 직전의 환자처럼 약한 나라가 되자, 가만히 있어서는 안 된다는 생각을 하게 된 겁니다.

1905년 김구와 안중근을 비탄에 잠기게 만든 사건이 일어났어요. 점점 세력을 키운 일본이 조선의 왕인 고종을 협박하여 조선의 외교권을 빼앗는 강제 조약을 맺은 것입니다. 이것을 을사늑약*이라고 합니다.

을사늑약 체결로 조선은 독립국가의 가장 소중한 권리인 외교권이 없는 나라가 되었어요. 고종을 협박하여 을사늑약을 체결한 일본의 지도자는 이토 히로부미라는 사람이었습니다.

일본은 을사늑약 체결 2년 후 1907년에는 고

**을사늑약**
외교권은 다른 나라의 간섭을 받지 않고 외국과 교섭을 할 수 있는 권리를 말해요. 을사늑약으로 우리나라는 외국과 협정을 맺을 때 일본을 통해서만 할 수 있게 되었어요. 일본은 외교권을 빼앗은 뒤에 통감부를 설치해 조선을 더 깊이 간섭했어요.

종을 왕 자리에서 쫓아냈습니다. 이 무렵에 안중근은 생각했습니다.

'이대로는 안 된다. 군대를 조직해 일본과 싸워야 한다.'

안중근은 고향을 떠나 당시 러시아에 있는 블라디보스토크로 갔어요. 그곳에서 의병을 조직한 후 조선 땅으로 와서 일본군과 싸운다는 계획을 세웠습니다.

하지만 러시아에서 벌인 독립운동은 뜻대로 이루어지지 않았어요. 일본군과 비교하면 군사력이 크게 약해서 큰 성과를 올리지 못한 겁니다. 독립운동에 참여한 사람들의 사기도 떨어졌습니다.

'어떻게 하면 독립운동의 불씨를 살릴 수 있을까, 또 어떻게 하면 전 세계에 조선이 독립을 원한다는 것을 알릴 수 있을까?'

안중근과 그의 동료들은 고민했습니다. 그리고 얼마 안 가 그들은 새로운 독립운동 계획을 세웠어요.

## 탕! 탕! 탕!

1909년 10월 26일, 만주 북쪽에 있는 도시인 하얼빈 역.

안중근은 이토 히로부미가 탄 열차가 도착하기를 기다리고 있었습니다.

얼마 전, 이토가 만주 땅에 온다는 소식을 들은 안중근과 동료 독립운동가들은 이토를 총으로 저격하는 계획을 세웠습니다. 안중근은 하얼빈 역을 맡기로 했습니다.

이토가 하얼빈에 오는 것은 러시아 장군을 만나 회의를 하기 위해서였어요. 드디어 열차가 도착했어요. 안중근은 역에 환영 나온 사람으로 위장해 러시아 군인들 뒤쪽에 서 있었어요.

잠시 후 열차가 도착하고 몇 사람이 내렸어요. 안중근은 러시아 장군의 안내를 받는 일본인을 발견했습니다. 이토였습니다.

안중근은 외투 안에 손을 넣어 권총을 쥐었습니다. 안중근은 러시아 병사들을 제치고 앞으로 나가며 외투에서 총을 뽑았어요.

탕! 탕! 탕!

안중근은 3발의 총알을 이토에게 퍼부었습니다.

"이토 히로부미가 죽었다고? 안중근이 이토를 죽였다고!"

이토가 죽었다는 소식에 김구는 감격하였습니다.

이토를 죽인 사람이 오래 전에 본 적이 있는 안중근이었다는 사실에 더욱 놀랐지요.

　김구에게 이토가 죽었다는 소식을 전한 사람이 말했어요.

　"안중근은 참으로 큰일을 해냈습니다. 독립군 사기는 올라갈 것입니다. 또 이 일로 전 세계가 우리 조선이 얼마나 독립을 원

하는지 알게 될 것입니다."

"안중근은 지금 어디 있나?"

"하얼빈 역 현장에서 체포되어 중국의 감옥에 갇혀 있습니다. 재판을 받는 중이라 합니다."

"아! 일본이 그의 목숨을 가만 두지 않겠구나."

김구의 예상은 적중했어요. 일본은 안중근에게 사형 선고를 내렸고, 안중근은 1910년에 사형을 당하고 말았습니다. 이때 안중근의 나이는 31살이었어요.

안중근이 사형당했다는 소식을 들은 김구는 다시 한 번 굳은 결심을 했어요.

'안중근의 죽음이 헛되지 않게 해야 한다. 나 또한 죽을 때까지 독립운동에 몸을 바칠 것이다.'


1919년 독립운동 지도자들은 중국의 상해라는 도시에 대한민국 임시정부를 세웠어요. 김구는 임시정부의 지도자가 되어 독립운동을 계속하였어요.

임시정부 시절에 김구는 중국에 살던 안중근의 가족을 돕는 데도 앞장섰어요. 이것은 오래 전 자기를 도와준 안중근의 아버지 안태훈에게 받은 은혜를 갚는 일이기도 했습니다. 안중근의 두 남동생도 독립운동에 적극 참여했어요.

임시정부 활동은 순탄하지만은 않았어요. 지도자들 사이에 의견 다툼이 있기도 했고, 1937년 일본이 중국을 침략하였을 때 임시정부를 상해에서 다른 도시로 옮기는 고난도 겪었답니다. 또 중국에 쳐들어온 일본은 눈에 불을 켜고 김구를 체포하려고 했습니다.

하지만 김구는 1945년 조선이 해방을 맞을 때까지 중국에서 임시정부를 지키며 줄기차게 독립운동을 이끌었답니다.

김구가 임시정부를 이끌면서 얼마나 독립을 바랐는지는 그가 쓴 《백범일지》에 나오는 글에서도 알 수 있습니다.

네 소원이 무엇이냐 하고 하느님이 내게 물으시면, 나는 서슴지 않고 "내 소원은 대한 독립이오" 하고 대답할 것이다.
그 다음 소원은 무엇이냐 하면, 나는 또 "우리나라의 독립이오" 할 것이요,
또 그 다음 소원이 무엇이냐 하는 세 번째 물음에도, 나는 더욱 소리를 높여서 "나의 소원은 우리나라 대한의 완전한 자주 독립이오"라고 대답할 것이다.

김구가 그토록 바라던 독립은 1945년에 이루어졌어요.

김구는 독립운동의 영웅으로서 해방된 조국에 돌아왔습니다. 그런데 시간이 지나 한반도엔 미국이 지원하는 대한민국과 소련이 지원하는 북한, 두 개의 나라가 생기고 말았어요. 이때

김구는 분단된 나라를 하나로 합치려고 애를 썼습니다.

하지만 이 꿈은 이루어지지 않았어요. 그리고 김구는 1949년 그의 통일정책에 반대하는 세력에게 암살을 당하고 말았습니다.

김구와 안중근! 그들은 하늘에 영원히 빛나는 별처럼, 오늘날에도 우리 민족의 독립운동을 빛낸 영웅으로 존경받고 있답니다.

### 김구 (1876년~1949년)

**업적**

청년 시절부터 조선의 독립을 위해 노력했어요. 1919년 중국에 있는 도시인 상해에 대한민국 임시정부가 생긴 후부터, 우리 민족이 1945년 일본의 지배로부터 해방이 될 때까지 김구는 임시정부를 이끌면서 독립운동을 하였어요.

**대한민국 임시정부**

1910년 조선은 일본의 지배를 받게 되었습니다. 1919년 외국에서 활동하던 독립운동가들은 중국의 상해에 모여, 훗날 독립을 하게 되면 나라를 이끌어갈 대한민국 임시정부를 세웠어요. 이때부터 대한민국의 역사가 시작되었습니다.

### 안중근 (1879년~1910년)

**업적**

1909년 조선은 일본의 침략 정책에 시달리고 있었습니다. 이 해에 안중근은 일본의 조선 침략 앞잡이였던 이토 히로부미를 총으로 쏘아 저격하였습니다. 이 일로 안중근은 많은 조선 사람들에게 일본에 맞서 싸우겠다는 용기를 불어넣어 주었습니다. 또 일본의 지배에서 벗어나려는 조선 백성의 뜻을 세계에 널리 알렸답니다.

**의사(義士)의 뜻**

안중근을 '안중근 의사'라고 높여 부릅니다. 이때 의사는 한자로 '義士'입니다. 의사는 나라를 위해 정의로운 행동을 하다가 거룩한 죽음을 당한 사람을 말해요.

---

 ## 생각해 볼까요?

같은 시대에 태어나 나라와 국민을 위해 헌신하는 인생을 산다면, 그 사람들은 모두가 그 시대를 빛낸 '짝꿍 위인'이라고 부를 수 있습니다. 김구와 안중근은 독립운동 역사에 길이 빛나는 위인들입니다. 김구와 안중근 외에도, 독립운동 역사에는 나라와 민족을 위해 헌신한 분들이 많이 있습니다. 그런 분들 덕분에 현재 우리는 독립국가의 국민으로 당당하게, 자유롭게 살고 있습니다. 참으로 고마운 분들이지요?

# 중요한 독립운동 역사

### ★ 의병운동

조선 후기인 19세기 말부터 일본은 조선을 식민지로 만들려고 하였어요. 이를 막기 위해 1895년 전국 곳곳에서 백성들이 군대를 조직하여 일본에 맞서 싸운 의병운동이 일어났답니다. 의병운동은 1905년 〈을사늑약〉이 맺어진 후에도 전국 곳곳에서 일어났습니다.

### ★ 〈신민회〉 운동

〈신민회〉는 1907년 서울에서 만들어진 독립운동 단체입니다. 일본은 〈신민회〉를 해체하려고 1911년 〈신민회〉에게 일본 총독을 죽이려했다는 누명을 씌워, 〈신민회〉 지도자들을 체포하고 〈신민회〉를 강제로 해산시켰답니다.

### ★ 안중근의 이토 저격 (1909년)

독립운동가인 안중근이 일본의 조선 침략 앞잡이인 이토 히로부미를 하얼빈에서 총으로 쏘아 죽였어요.

### ★ 만주 지역 독립운동 (1910년~ 1945년)

1910년 조선이 망한 후 많은 독립운동가가 조선을 떠나 만주 지역에서 독립운동을 벌였습니다.

### ★ 봉오동 전투와 청산리 전투 (1920년)

일본은 만주 지역에서 독립운동이 활발하게 일어나자 이를 진압하려고 군대를 보냈어요. 독립군은 만주 지역에서 벌어진 여러 전투에서 승리를 거뒀는데, 그중 가장 큰 승리를 거둔 것이 봉오동 전투와 청산리 전투입니다.

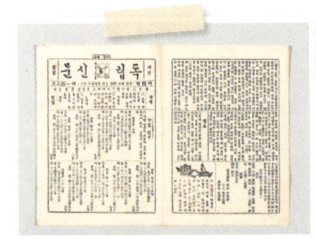

**독립신문_** 서재필이 창간한 우리나라 최초의 한글신문이에요. 한글과 영문판으로 나누어져 있었고, 항상 태극기가 함께 인쇄되어 있었어요.

일제강점기에 만들어진 태극기

대한민국 임시정부

### ★ 3·1 만세 운동 (1919년)
1919년 3월 1일 조선의 수도였던 서울에서 학생과 시민들이 거리에서 독립선언식을 하고 태극기를 흔들며 독립 만세 운동을 벌였어요. 이 운동은 곧 알려져 한국 땅 곳곳에서 약 200만 명의 사람이 독립 만세 운동에 참가하였습니다.

### ★ 대한민국 임시정부 수립 (1919년)
3·1운동이 일어난 후인 1919년 4월 조선의 독립운동가들은 중국에 있는 도시인 상해에 모여 대한민국 임시정부를 만들었어요.

### ★ 〈신간회〉 운동
1927년 일본의 지배에 반대하는 조선 사람들이 뜻을 모아 〈신간회〉라는 단체를 만들었습니다.

### ★ 광주 학생 운동 (1929년)
1929년 전라도에 있는 큰 도시인 광주에서, 한국 학생들이 일본의 한국 학생에 대한 차별대우에 항의하는 집회를 열었어요. 이 집회는 조선의 독립을 주장하는 운동으로 발전했습니다. 광주 학생 운동 소식은 다른 지방에도 알려져, 전국에서 약 5만4천 명의 학생이 일본에 저항하는 이 운동에 참여하였어요.

### ★ 광복군의 활약 (1940년~1945년)
대한민국 임시정부는 1940년 임시정부의 부대인 광복군을 만들었어요. 광복군은 1941년 일본이 연합군과 전쟁을 시작하자, 연합군 편에 서서 일본군을 상대로 싸웠답니다.

교과서에 꼭! 함께 나오는 절친들
# 한국사 짝꿍 실록

1판 1쇄 발행 2017년 7월 12일
1판 5쇄 발행 2021년 4월 24일
글쓴이 김은빈　그린이 심수근
펴낸곳 (주)중앙출판사
펴낸이 이상호
편집책임 한라경　디자인 이든디자인

주소 경기도 고양시 일산동구 고봉로 32-9 625호
등록 제406-2012-000034호(2011.7.12.)
구입 문의 031-955-5887　편집 문의 031-955-5888　팩스 031-955-5889
홈페이지 www.bookscent.co.kr　이메일 master@bookscent.co.kr

ISBN 979-11-86771-18-1　73910

이 도서의 국립중앙도서관 출판예정도서목록(CIP)은 서지정보유통지원시스템 홈페이지(http://seoji.nl.go.kr)와 국가자료공동목록시스템(http://www.nl.go.kr/kolisnet)에서 이용하실 수 있습니다.(CIP제어번호:2017016157)

*이 책은 한국출판문화산업진흥원의 출판콘텐츠 창작자금을 지원받아 제작되었습니다.
*이 책은 저작권법에 의해 보호를 받는 저작물이므로 무단 전재와 복제를 금합니다.
*KC마크는 이 제품이 공통안전기준에 적합하였음을 의미합니다.

| 모델명 | 한국사 짝꿍 실록 | 제조년월 | 2021. 04. 24. | 제조자명 | (주)중앙출판사 | 제조국명 | 대한민국 |
|---|---|---|---|---|---|---|---|
| 주소 | 경기도 고양시 일산동구 고봉로 32-9 625호 | 전화번호 | 031-955-5888 | 사용연령 | 10세 이상 | | |

책내음은 (주)중앙출판사의 유아·아동 브랜드입니다.

### 사진 출처

**국립중앙박물관**_ 광개토대왕비 / 백제 칠지도 모조품 / 6세기 신라 금동관 / 경불정심관세음보살대다라니경 / 정몽주 초상 / 삼국사기 / 삼국유사 / 청자 참외 모양병 / 경국대전 / 상평통보 / 에도성에 들어가는 통신사 행렬도 / 규장각 / 데니 태극기 / 사발통문 / 백자 청화 꽃무늬 조롱박 모양 병 / 연암선생문집 / 자리짜기, 《단원 풍속도첩》 / 신사임당 〈초충도〉 / 홍길동전 / 독립신문 / 일제강점기에 만들어진 태극기

**국립민속박물관**_ 광개토대왕비

**문화재청**_ 신라 불국사 전경 / 개태사 / 강화도 고려궁지 / 제주항파두리항몽 유적지 / 관촉사 석조 미륵 보살 입상 / 연등회 / 훈민정음 해례본 예의편 / 수선전도 / 조선 태조 이성계 어진 / 종묘 / 거북선 모형 / 난중일기 초고본 / 삼전도비 / 대동법 시행 기념비 / 소수서원 현판 / 천성진성 / 척화비

**국립고궁박물관**_ 공민왕과 노국공주 영정

**국립수목원산림박물관**_ 팔만대장경판

**백범김구선생기념사업협회**_ 대한민국 임시정부